Helga Schaub

Befreiung von Dunkelmächten

BEFREIUNG VON DUNKELMÄCHTEN

HELGA SCHAUB

SILBERSCHNUR

Widmung und Dank

In großer Dankbarkeit widme ich dieses allererste meiner Bücher meinen Helfern aus der geistigen Welt, die mich behutsam führen und leiten. Von Herzen danke ich Maurizio und Paolo, die mich anschubsten und mir Kraft gaben sowie Gabrielle, deren kritische Bemerkungen mich stets inspirierten.

ISBN 978-3-89845-096-6

1. Auflage 2005
2. Auflage 2006
3. Auflage 2007

Gestaltung & Satz: XPresentation, Boppard
Druck: Finidr, s.r.o. Cesky Tesin

Verlag "Die Silberschnur" GmbH
Steinstraße 1 · D-56593 Güllesheim

www.silberschnur.de
e-mail: info@silberschnur.de

Inhaltsverzeichnis

Vorwort

Niemals hätte ich daran gedacht, dass mich meine Arbeit mit der chinesischen Wissenschaft des Feng Shui und dem energetischen Heilen auf der Basis der tibetisch-japanischen Heilmethode Reiki einmal in den Bereich der fremden Energien führen würde. Mir waren solche Phänomene von jeher fremd, es gab nichts dergleichen in meinem früheren Umfeld. Ich habe es einem Zufall ("es ist mir zugefallen") zu verdanken, der mich erkennen ließ, dass es sehr wohl Energieformen gibt, die ursprünglich nicht zu einer Person gehören, sich aber dieser als Energiequelle bedienen oder aber, die geschickt wurden, um einem Menschen direkten Schaden zuzufügen.

Ich habe zudem gelernt, dass jeder böse Gedanke sich in Energie umsetzt, in böse Worte, in böse Taten. Wer das akzeptiert und zulässt, wird schnell zum Opfer. Schützen Sie sich! Wehret den Anfängen! Setzen Sie sich mit dem Gesetz der Resonanz, das besagt, dass einer Ursache stets eine Wirkung folgen wird, auseinander. Zu jeder Tat gehören immer zwei: Täter und Opfer, einer der sie ausführt und einer, der sie sich gefallen lässt. Der bösen Tat geht immer der böse Gedanke voraus und auch dazu gehören immer zwei: einer, der den Gedanken denkt, und ein anderer, der diesen Gedanken anzieht und damit die Verwirklichung ermöglicht.

Die Zeit scheint reif dafür, dass wieder offen und öffentlich über Besetzungen und dunkle Energien gesprochen wird. Dieses Buch will weder Angst schüren noch die Fakten banalisieren. Speziell bei meinem letzten Aufenthalt in Rom habe ich Bekanntschaft gemacht mit dem Exorzismus der katholischen Kirche und sehr viel gelernt über Religiosität und Glauben. Diese Erfahrungen fließen ein in einen großen Teil dieses Buches, das Erklärungen für mysteriöse Phänomene liefert und Hilfe für betroffene Menschen anbietet.

Lassen Sie mich bereits zu Anfang Folgendes sagen: Der beste Schutz vor schädlichen Energien ist das Gebet und der echte tiefe Glaube. Ich möchte dieses Buch verstanden wissen als Aufruf zum tiefen echten Glauben und der Liebe als Allheilmittel!

Ich lade Sie ein, sobald Sie Zweifel, Vermutungen oder Bedenken haben, die in Richtung Fremdenergien gehen - egal welcher Art -, sich an mich zu wenden. Meine Anschrift befindet sich im Anhang.

Helga Schaub
Rom, im Dezember 2003

Kapitel I

Ursache und Wirkung

○ ○ ○

Das Gesetz der Resonanz

Was ich säe, das werde ich ernten. - Vielleicht mögen Sie mir nicht glauben, aber aus der Erfahrung heraus sage ich Ihnen, dass es keinem Menschen und keiner negativen Kraft (Dämon) möglich ist, einem anderen Menschen ernsthaften Schaden zuzufügen, der nicht selbst Tür und Tor öffnet für einen solchen Angriff.

Wie ist das zu verstehen? Aufgrund der Tatsache, dass wir Energie sind, hat jeder Mensch eine Schwingung, eine Frequenz, ähnlich einem Saiteninstrument. Unsere jeweiligen Stimmungen lassen nun die Saiten klingen, das heißt wir versetzen uns selbst in Schwingung gemäß unserer Verfassung. Damit üben wir eine Wirkung auf unsere Umwelt aus und erhalten eine Reaktion der Personen, die mit uns in Wechselwirkung stehen, denn es gilt: "Gleiches zieht Gleiches an".

Das Gesetz der Resonanz bezeichnet eine unwandelbare Gesetzmäßigkeit, die zugleich das erhabenste aller Gesetze ist. Danach löst jede Ursache eine Wirkung aus, jede Aktion eine Reaktion, jede Tat hat eine Wirkung zur Folge. Dieses gilt bei guten wie bei bösen Taten. Die auf Grund des Resonanzgesetzes entstandene Folge wird Karma genannt. Der Mensch fühlt instinktiv, dass eine gute Tat gute Früchte tragen wird, während eine böse Tat sicherlich negative Folgen nach sich ziehen wird.

Dem Gesetz von Ursache und Wirkung unterliegen jedoch nicht nur konkrete Taten, sondern ebenso unsere Gedanken und Gefühle. Positive Gefühle und Gedanken ziehen positive Reaktionen an. Daher ist es so wichtig und überaus nützlich, allen Menschen von Herzen nur das Beste zu wünschen, denn diese Frequenz kommt als Resonanz, als Wirkung auf die Ursache, zurück in unser Leben.

Es ist daher viel besser, vertrauensvolle Gedanken zu haben ebenso wie gute Absichten. Menschen, die jeder Situation etwas Positives abgewinnen, die Zuversicht hegen und tolerant sind gegenüber allen anderen Menschen und allen Situationen, die erkennen, dass auch schlimme Dinge ihren ganz eigenen Sinn haben, diesen Menschen gelingt es, Zuversicht und gutes Gelingen in ihr eigenes Leben zu ziehen.

Befinden wir uns an einem Tag in Disharmonie, Stress und Ärger, so senden wir allerdings wie ein Radiosender genau diese Frequenz des Ärgers und der Missstimmung aus. Gemäß dem Gesetz der Resonanz ziehen wir nun unliebsame Ereignisse und Disharmonie zusätzlich in unser Leben. Destruktive Gedanken ziehen destruktive Personen und Situationen an.

Da viele Wesen ein Interesse daran haben, den Menschen zu beeinflussen und zu inspirieren, locken wir an Tagen, an denen wir uns der Disharmonie hingeben, eher die entsprechenden Kräfte und Wesenheiten an oder begeben uns in deren Einflussbereich. Gerät der Mensch in den Wirkungsbereich, in den Bann einer Wesenheit, so kann sich diese von seiner Lebensenergie ernähren - und glauben Sie mir, davon wird reger Gebrauch gemacht.

Derjenige, der sich magisch bedroht fühlt oder von einer realen Bedrohung weiß, sollte sich Gedanken machen, wie er der Bedrohung begegnen will. Viele magisch arbeitende Menschen sinnen nur auf einen Gegenschlag. Doch bitte bedenken Sie: Wer magisch zurückschlägt, geht das Risiko ein, sich selbst zu vernichten! Gegenrituale sind zumeist schwarzmagischer Art und in der Regel werden keine Heilungskräfte angerufen, sondern andere Dämonen. Hierbei wird lediglich Gleiches mit Gleichem vergolten. Aber niemand kann sich dem Bann zerstörerischer Kräfte entziehen, hat er sie einmal gerufen. Nur Licht kann die Dunkelheit erhellen, sonst nichts! Die stärkste Kraft gegen alles Böse und Dunkle ist die Liebe, sind liebevolle Gedanken und der respektvolle Umgang miteinander.

Meist ist es so, dass Personen, die jetzt in Schwierigkeiten sind aufgrund eines schwarzmagischen Angriffs oder einer Besetzung durch fremde Energien und Wesenheiten, dafür einst die Ursache gesetzt haben in ihrem Verhalten. Hat sich eine Person irgendwann einmal, vielleicht in einer anderen Inkarnation, selbst mit schwarzer Magie beschäftigt, um anderen Menschen zu schaden, oder hat sie andere Menschen mit Flüchen bedacht und ihnen starke hasserfüllte Gedanken geschickt, so ist es nicht verwunderlich, dass sie heute unter derartigen Angriffen leidet. (Ich selbst möchte mich hier nicht ausnehmen, denn aufgrund meiner Beschäftigung mit der Beseitigung negativer Energien kann man davon ausgehen, dass ich in früheren Leben diese auch angewandt habe, eventuell sogar zum Schaden anderer.) Fakt ist und bleibt aber, dass auf jede Aktion eine Reaktion folgt, jede Ursache hat ihre Wirkung.

Was ich säe, das werde ich ernten. –
Das ist der Leitgedanke, das Gesetz
von Ursache und Wirkung.

○ ○ ○

Die Macht der Gedanken

Oftmals haben wir den Eindruck, dass das Gesetz von Ursache und Wirkung nicht funktioniert. Einige Wünsche und Gebete mögen sich nicht bewahrheitet haben, doch dies lag vielleicht daran, dass wir schlicht zu viele widersprüchliche Gedanken und Gefühle hatten, die sich gegenseitig neutralisierten.

Die stärkste negative Emotion in Bezug auf die Verwirklichung unserer Wünsche ist die Angst. Leider ist der Mensch so konditioniert, dass sein Denken und Handeln von Angst bestimmt ist. Angst basiert auf den Programmierungen aus unserer Kindheit und den Erfahrungen, die wir im Laufe des Lebens gemacht haben. Ursprünglich kommt ein Baby mit nur zwei Ängsten auf die Welt: der Angst vor lauten Geräuschen (Knall) und der Angst vor dem Hinfallen.

Ängste sind wichtig fürs Überleben. Wir alle fürchten uns davor, von einem Auto überfahren zu werden. Diese Furcht lässt uns am Straßenrand innehalten und uns erst einmal nachschauen, wann wir die Straße ohne Gefahr überqueren können. Angst und Furcht lassen uns demnach Situationen abwägen und einschätzen. Auch die innere Stimme, die Intuition, meldet sich oftmals über das Gefühl der Angst. In solchen Fällen hat die Angst ihre Berechtigung, weil sie uns vor einem Missgeschick, einem Unfall oder vor Fehlentscheidungen bewahrt.

Muss sich ein Mensch im Laufe seines Lebens aber "verbiegen", denkt er, seine Talente, Neigungen oder seine Seele verleugnen zu müssen und wird ihm die innere Stimme abtrainiert durch Erziehung und Gesellschaft, so kann es gut sein, dass die Angst immer stärker wird und unsere Entscheidungen und Empfindungen dominiert. Folglich wird die Intuition beständig schwächer und leiser. Wie viele Ängste sind uns geläufig? Angst vor Versagen, vor Jobverlust, vor Liebesentzug und so weiter. Die Liste ließe sich endlos fortsetzen.

Lebt der Mensch nun in ständiger Furcht ("Pass auf, dass dies und jenes nicht geschieht!"), leitet er permanent angstvolle Gedanken und Befehle an sein Unterbewusstsein, das - wie wir bereits wissen - bestrebt ist, nichts anderes zu tun, als die Befehle zu realisieren. Wir erhalten infolge der Angst genau das, was wir vermeiden möchten.

Gedanken manifestieren sich, sie werden Realität. Seien Sie aufmerksam, denn wir machen immer wieder diese Erfahrung. Alles, was Sie in Ihrem Leben wirklich und ohne Zweifel erreichen wollten, haben sie erreicht, nicht wahr? Alles, was Ihnen Angst macht, ist eingetreten. Alles, was Sie vermeiden wollten, haben Sie erlitten. Das ist das Gesetz: Alle Gedanken manifestieren sich. Wenn Sie das verstehen, können Sie Ihr Schicksal in die Hand nehmen.

»Der Geist ist alles.
Du wirst, was du denkst«.
(Buddha)

Wir sind unseres Glückes Schmied und jeder ist für das eigene Leben verantwortlich. Lassen Sie keine bösen oder angsterfüllten Gedanken mehr zu, dann sind Sie auf dem richtigen Weg und, mehr noch, Sie haben sogar bereits einen Riesenschritt nach vorn gemacht. Füllen Sie Ihr Leben mit kraftvollen, positiven Gedanken und erleben Sie Ihre Wünsche so, als seien sie bereits Realität. Sie werden sehen und erleben, dass sich Ihr Leben positiv verändert. Es wird sinnvoller, reicher sowie kraftvoller, denn alles was man tut, kommt zu einem zurück - Gutes wie Böses.

Von alten Mönchen ist überliefert: " *..., dass das Gute in uns Geschenk Gottes ist, über das wir uns zwar freuen sollen, das wir aber doch immer als Geschenk und nicht als eigenes Verdienst betrachten müssen. Wer sich so betrachtet, hat zu sich selbst eine gesunde Distanz. Er hat durchaus einen Blick für seine Stärken, aber er weiß, dass ihm seine Stärken geschenkt* *sind, gegeben als Aufgabe, die zugleich Verantwortung bedeutet."*

Auch hierbei geht es wieder und wieder um die Reinhaltung der eigenen Gedanken, um das Gesetz von Ursache und Wirkung. Mit unseren Gedanken ziehen wir Positives oder Negatives in unser Leben. Das Gute in uns ist ein Geschenk, das Geschenk der Erkenntnis, und es will gepflegt werden. Nur dann vermeiden wir, dass sich negative Energieformen in unserem Energiefeld einnisten und Schaden anrichten können.

Doch wir sind nicht arme und unschuldige Opfer, wie uns das manche Menschen so gerne glauben machen möchten, sondern wir schmieden unser Schicksal selbst. Die Vorstellungskraft ist ausgesprochen wirkungsvoll. Schon Paracelsus, der berühmte Schweizer Alchemist und Arzt (1493-1541) war ein großer Heiler und verkündete die noch heute gültige These: *"Ganz egal, ob der Gegenstand deines Glaubens wahr oder falsch ist, du wirst immer die entsprechenden Resultate erhalten. Glaube bewirkt immer Wunder, ganz gleich, ob es sich um wahren oder falschen Glauben handelt."* Mentale Vorstellungen verursachen demzufolge die Bedingungen von Körper und Geist sowie die unserer Lebensumstände.

Das beste, aber leider auch negativste Beispiel für die Macht der Gedanken, das deutlich zeigt, wie gefährlich und krankmachend es sein kann, sich in Einbildungen hineinzusteigern, konnte ich während eines Auftrags in Süddeutschland bei einem Ehepaar im Badischen beobachten. Die Ehefrau, streng altkatholisch, glaubte sich permanent feinstofflich durch ein anderes Ehepaar verfolgt und angegriffen. Sie sprach davon, dass ihr Haus jeden Tag dem Satan geweiht würde und nur ihr Beten verhindere, dass sie nicht schon tot seien. Ihr Faxgerät würde gestört und abgehört, wie auch das Telefon. Der Satan, sie nennt ihn den "Bösen", würde mit ihrer Stimme schändliche Dinge und Beleidigungen sagen, während sie mit anderen Personen telefoniere. Es würden sich merkwürdige Dinge in dem Haus abspielen, zum Beispiel habe sie in einem Wintermantel eine Flasche Duschgel gefunden, das aber nicht sie in die Manteltasche gesteckt habe. (Wenn Sie sich vorstellen, dass der gesamte Raum, der Kosmos, gefüllt ist mit Energieformen und Wesenheiten, dann ist es auch verständlich und logisch, dass wir ab und zu diese fremden Energien bemerken - Gute wie Böse.)

In dem Haus geschahen tatsächlich merkwürdige Dinge, die aber auf Poltergeister zurückzuführen waren und nichts mit dem verdächtigten Paar zu tun hatten. Meine Klientin war dennoch durch nichts zu bewegen, Abstand von ihren anklagenden Gedanken zu nehmen. Sie erzählte mir, dass die Dämonen (die ich einwandfrei als "arme" Seelen Verstorbener identifizierte und befreite) im Keller und auf der Strasse schrien. Tagsüber, wenn sie alleine im Haus sei, würden Dinge verschwinden oder - im Gegenteil - in doppelter Ausführung vorhanden sein, wie beispielsweise ein kleiner Teppich, der urplötzlich in zweiter Ausfertigung auf dem Boden des Wohnzimmers lag. In ihrer Angst gefangen, warf die Frau schließlich beide Teppiche weg. Der Ehemann, den ich zu derartigen Vorkommnissen befragte, konnte all diese Geschehnisse nicht bestätigen. Wenn er von der Arbeit nach Hause käme, habe ihm seine Frau davon berichtet, aber er habe noch nie ein Indiz für diese seltsamen Vorgänge gesehen, da seine Frau aus Panik alles sofort beseitige.

In diesem Fall habe ich, nach Erlaubnis der Kundin, eine Astrologin zu Rate gezogen. Das Geburtshoroskop der Frau ergab einwandfrei, dass sie mit Energien und Magie in ihrer Wohnung zu tun haben muss. Wir haben es hierbei also mit einer Anlage bzw. einer Problematik zu tun. Diese Frau ist so voller Angst vor bösen Wesenheiten, dass ihr ganzer Alltag, ihr gesamtes Sein blockiert ist und sich alles nur noch um "das Böse" dreht.

Alles, so behauptete diese Klientin, was an merkwürdigen Dingen in der Wohnung geschah, aber auch ihre eigene Gebrechlichkeit, sei verursacht durch den ständigen schwarzmagischen Angriff des angeklagten Ehepaares. Sie öffnete mit ihren negativen Gedanken Tür und Tor für einen Ehekonflikt, denn der Ehemann hatte es satt, sich ihr - für ihn zudem unverständliches -

Lamentieren anzuhören. Außerdem war sie den ganzen Tag damit beschäftigt, ihre gesamte Aufmerksamkeit auf Dinge und Vorkommnisse zu konzentrieren, die noch geschehen könnten. Selbst die harmlosesten Dinge zählte sie zu feinstofflich verursachten Angriffen. Sie schuf sich mit ihren von Angst geprägten Gedanken also ihre beängstigende Realität!

Leider hat diese Klientin den Bezug zum Hier und Jetzt völlig verloren. Das Leben ist ihr entglitten und sie ist in eine Scheinwelt hineingerutscht, in der sie sich als Sühneopfer im Auftrag Gottes fühlt, das andere Seelen retten kann, indem es der Öffentlichkeit zeigt, dass das Böse wirklich existiert. Die verirrten Seelen, die auf sich aufmerksam machten und den Keller sowie den Dachboden bevölkerten, waren innerhalb kurzer Zeit beseitigt und davon überzeugt worden, dass sie sich im Licht weiterentwickeln dürfen. Anders geartete, bösartige und dämonische Energien oder Wesenheiten konnte ich in den zwei Tagen meines Aufenthaltes in jenem Haus nicht feststellen.

Ich gab dem Ehepaar einige Ratschläge, wie sie sich schützen könnten. Vor allem aber riet ich der Klientin wegen ihrer gesundheitlichen Probleme zu berücksichtigen, dass sie auf einer Wasserader schlafe. Wenn sie das Bett nicht aus diesem Einflussbereich wegnehmen wolle, so solle sie doch wenigstens die entsprechenden Steine darunter und daneben aufstellen. Ich hoffe, dass sie es getan hat. Was sie leider nicht getan hat, ist das Auslegen bestimmter Schutzdreiecke gegen negative Energien. Sie begründete das noch vor ein paar Tagen telefonisch damit, dass das Dreieck eine schlechte Energie habe und satanisch sei. Ein Dreieck sei immer ein Symbol des Bösen, wie sie es ausdrückte, dabei ist ein Dreieck ein sehr starkes Schutzsymbol und weist negative Fremdenergien mit der Spitze ab. In diesem Fall wäre es also mehr als hilfreich gewesen.

Ich muss zugeben, dass sich mir der Eindruck aufdrängt, dass ich den Auftrag zum Clearing bei diesem Ehepaar nur erhielt, um offiziell zu bestätigen, dass die Frau wirklich unter negativen Energien leidet, dass tatsächlich böse Geister ihr Unwesen in dem Haus und mit der Frau treiben. Sie wollte eventuell nur die Bestätigung durch mich, eine objektive und ortsfremde Person, dass sie Opfer eines dämonischen Angriffs ist und dass alle anderen Menschen schlecht sind. Nur sie ist gut und betet fast den ganzen Tag. So ist es einfach, eine versteckte Anklage vorzutragen und vielleicht will diese Frau gar keine Hilfe!

Und noch etwas erscheint mir wichtig: Obwohl an allen Türklinken und Fenstergriffen Rosenkränze und Medaillons des Heiligen Benedikt hingen, obwohl sich in jedem Zimmer Weihwasser, Heiligenbildchen, Madonnenstatuen und Christusfiguren befanden, spricht diese Kundin von dämonischer Besetzung des Hauses und von Satan. Das würde bedeuten, dass all diese Maßnahmen bedeutungslos sind, einschließlich des stundenlangen Gebets. Ich will gar nicht in Abrede stellen, dass diese zahlreichen Hilfsmittel und das Gebet (mein Lieblingshilfsmittel) nützlich sind, aber es scheint doch darauf anzukommen, mit welcher Absicht, Reinheit und mit wie viel Liebe alles angewandt wird. Warum hilft es nicht bei dieser Frau? Warum flüchten die Dämonen nicht bei so viel geweihten (!) Dingen im Haus? Warum hilft das Gebet nicht nachhaltig?

Hier greift wieder das Resonanzgesetz: Wir ziehen an, wovor wir uns fürchten und womit wir uns innerlich beschäftigen. Wir ziehen die gleichen oder ähnlichen Frequenzen an, die wir selbst aussenden. Also bitte, seien Sie vorsichtig mit Ihren Gedanken, Vermutungen und Verurteilungen. In jenem konkreten Fall wurde ein Ehepaar verdächtigt, sich satanisch und schwarzmagisch zu betätigen. Das ist eine schwerwiegende Vorverurteilung, die ihre karmischen Konsequenzen haben wird.

Der Mensch hat die Möglichkeit und die Fähigkeit, sein Leben selbst zu gestalten, denn alles realisiert sich, was der Mensch denkt - sei es über Tage, Monate oder gar über Jahre. Die Kraft der Gedanken ist schier unvorstellbar groß, und alles, was ein Mensch denkt und visualisiert, fasst das Unterbewusstsein als Befehl zur Umsetzung in der Realität auf. Es arbeitet ständig an der Verwirklichung unserer Gedanken. Es lebt also eine starke Macht in uns, von uns selbst "gefüttert" mit der Information über den gewünschten Endzustand und es liegt einzig an uns selbst, die mentalen Bilder unseres Lebens bewusst zu gestalten. Geben Sie Ihrem Bewusstsein Bilder und Vorstellungen von Gesundheit und Erfolg und halten Sie diese aufrecht, so aktiviert man den Geist, eben diese Resultate hervorzubringen.

○ ○ ○

Der Mensch – ein göttliches Wesen

Der Mensch ist einzigartig in der Schöpfung. Sein Körper ist mehrdimensional, hat eine Ausdehnung in Zeit und Raum und wurde aus dem Geist erschaffen. Alle vier Elemente, Feuer, Wasser, Luft und Erde, verschmelzen in ihm. Der Mensch hat eine eigene Weisheit (Intelligenz), einen eigenen Willen (Entscheidung) und die Kraft (Handeln) erhalten.

Gott schuf den Menschen nach seinem Ebenbild. In dem Roman "Der rote Löwe" von Maria Szepes steht zu lesen: "*Die Seele ist ihrer Natur nach sowohl göttlich als auch dämonisch, je nachdem, ob die Kräfte des Lichts oder der Finsternis an jenen Knöpfen drehen, die die Seele steuern. Die Seele ist der veränderliche, subtile Rohstoff des Seins. Jene Einwirkungen, die sich über sie ergießen, sind derart elementar, dass sie an jeder ungeschützten, schwachen Stelle durchbrechen. Das ist die Macht des Hasses. Und wer auch die geringste Bereitschaft dafür aufweist, wer nicht mit allen Fähigkeiten und Erkenntnissen seines Geistes dagegen ankämpft, wird in die Heerschar der Dämonen eingereiht und ist verloren. Der Hass ist die fürchterlichste, magischste Kraft, die je auf Erden erschienen ist. Er übersteigt und überwindet jede andere menschliche Schwäche: die Selbstsucht, den Hang zur Bequemlichkeit, die Todesangst. Er peitscht den Fanatismus bis zur Weißglut, verschmilzt die Menschen zur Masse, die dann selbst um den Preis der eigenen Vernichtung nur noch vernichten will."*

Der Mensch hat einen freien Willen und kann eigenständig entscheiden, welchen Weg er gehen möchte. Er entscheidet demnach selbst, ob er den Weg des Lichtes oder der Finsternis beschreitet. Auch die Gesundheit gehört zu diesem Aspekt, hören wir doch häufig: "Ein gesunder Geist wohnt in einem gesunden Körper".

Vom ganzheitlichen Standpunkt aus ist die Gesundheit die vollkommene Harmonie aller im Körper arbeitenden Kräfte; eine Disharmonie, ein Schmerz oder die Erkrankung eines Organs deuten bereits auf eine wesentliche Störung der im Körper herrschenden Elemente hin. Störungen entstehen dabei einmal durch einseitige Ernährung, wobei ein oder mehrere Elemente minder versorgt sind, aber auch durch die Kraft unserer

Gedanken. Ein positiv denkender Mensch, der sich in vollem Einklang befindet mit sich, der Natur und dem Schöpfer, der seine eigene Verantwortung für sein Leben erkennt und entsprechend handelt, wird seltener erkranken, viel leichter genesen oder gar gesund bleiben, als ein Mensch, der mit sich und der Welt hadert und überall - außerhalb von sich - Schuldige sucht für sein Schicksal. Es ist die Entscheidung eines jeden einzelnen Menschen, ob er seine göttliche Kraft erkennt, die ihn zur Selbstmeisterung führen wird oder ob er die gottgegebene Kraft einsetzt, um zu zerstören und der Welt Schaden zuzufügen. Wir haben den freien Willen, wir sind aufgefordert zu handeln - auf der Seite der Teufel oder der der Engel.

Vom Heiligen Augustinus hören wir: Das wirkliche Übel ist das moralische Übel, das heißt die Sünde, die von unserer freien Entscheidung, unserem freien Willen abhängig ist. Eben dieser freie Wille, das höchste Geschenk an die Kreatur, befreit Gott von der Verantwortung für das moralische Übel, das allein der Entscheidung des Menschen zuzuschreiben ist.

Ziel des Menschen sollte es sein, seinen Charakter beständig zu veredeln. Probleme lassen uns reifen, wir müssen uns verändern, um ihnen zu entkommen, sonst werden wir stets aufs Neue mit ihnen konfrontiert - so lange bis wir gelernt und neue Erkenntnisse erlangt haben, denn damit entwickeln wir uns weiter und lassen die Frequenzen der Zerstörung hinter uns. Wir streben danach, unser wahres Selbst zu erfassen, Furcht wird dabei als Illusion erkannt und unser Glaube wandelt sich zu festem unerschütterlichem Wissen.

Wir erhalten immer wieder auf unserem spirituellen Weg, der uns schließlich zur Erleuchtung führen wird, Gelegenheiten, Karma zu lösen und eine Wiedergutmachung vorzunehmen. Manche Menschen sprechen von Prüfungen und sagen, Gott schicke den Menschen immer wieder bestimmte Aufgaben, an denen sie lernen und wachsen können. So gesehen, sollten wir jede Schwierigkeit und jede Herausforderung in unserem Leben dankbar annehmen und nachdenken, worin die Aufgabe dabei bestehen könnte.

Wenn Sie das Leben auf diese Weise betrachten, als zyklisches Auf und Ab, als Lernprozess hin zur Erleuchtung, dann wird Ihnen vieles leichter fallen. Vor allem werden Sie erkennen, dass jeder Mensch selbst verantwortlich ist für sein Leben. Ist das nicht genial?! Wir brauchen niemandem mehr eine Schuld zu geben, wenn etwas schief läuft. Alles, was uns geschieht, haben wir in eigener Regie verursacht und können uns auch selbst helfen, um uns weiterzuentwickeln.

○ ○ ○

Chakren - das Energiesystem des Menschen

Sie werden sich an dieser Stelle vielleicht fragen: "Warum ein Kapitel über die Chakren?" Ganz einfach: Die Kenntnis über das Chakrensystem des Menschen lässt uns leichter begreifen, wie wir energetisch funktionieren. Es ist wichtig zu wissen, was geschieht, wenn die Chakren gut oder schwach arbeiten, um abschätzen zu können, wo wir durchlässig sind für fremde Energien und Belagerungen.

Die meisten Menschen glauben, dass die materielle Welt und der physische Körper die einzige Realität sind. Mehr ist durch den Verstand und die körperlichen Sinne nicht wahrzunehmen. Wenn Sie auch zu diesen Menschen gehören, was glauben Sie, geschieht mit der Kraft, die den Körper belebt, wenn der Tod eintritt? Energie geht nicht verloren, das ist ein physikalisches Gesetz. Energie kann höchstens umgewandelt werden. Hinter dem materiellen System des Körpers steht ein Energiesystem, ohne das der Körper nicht existieren kann - wir können es "göttlichen Funken" nennen. Dieses System setzt sich zusammen aus:

- den Energiekanälen (Nadis),
- den Energiezentren (Chakren) sowie
- den feinstofflichen Körpern.

Die Energiekanäle oder Nadis, um den Begriff aus dem Sanskrit zu gebrauchen, haben die Aufgabe, die Lebensenergie (Prana, Chi, Ki) durch das feinstoffliche Energiesystem zu leiten. Prana ist die Urquelle der Energie. Unter anderem nehmen wir durch den Atem Prana in uns auf. Unser Bewusstseinsniveau hängt von der Frequenz des Pranas, der Lebensenergie ab. Je höher ein Mensch entwickelt ist (nicht technisch, sondern spirituell), desto höher ist seine Schwingung und je höher seine Schwingung ist, desto besser ist sein Schutz vor feinstofflichen Angriffen. Ein Mensch mit hoher Frequenz hat somit eine sehr gute Energiequalität und einen optimalen Schutz.

Der Vollständigkeit halber sollen hier die Energiekörper erwähnt sein: Ätherleib, Astralkörper, Mentalkörper und Kausalkörper. Die Energiekörper schwingen in bestimmten Frequenzen und haben ihr eigenes "Bewusstsein", sie teilen dem Menschen Erkenntnisse und Erfahrungen gemäß ihrem Aufgabenbereich mit. Die Frequenz erhöht sich, je weiter sich der Mensch entwickelt. Energiekanäle werden auch häufig als Meridiane bezeichnet.

Der Ätherleib sieht genauso aus wie der physische Körper. Er ist dem physischen Körper am nächsten und trägt die Lebenskraft. Drei bis fünf Tage nach dem Tod eines Menschen löst sich der Ätherkörper auf.

Der Astralkörper oder Emotionalkörper trägt unsere Gefühle, Emotionen und Charaktereigenschaften. Der Emotionalkörper ist dem physischen Körper angepasst, seine Aura ist oval, sie bewegt sich ständig und strahlt in verschiedenen Farben.

Der Mentalkörper ist Träger unserer Ideen und Gedanken sowie der Erkenntnisse. Er hat eine höhere Frequenz als Ätherleib und Astralkörper. Der Mentalkörper hat die Aufgabe, die spirituellen Wahrheiten aufzunehmen und mit dem Verstand zu kombinieren. Es entstehen Lösungen im Einklang mit den universellen Gesetzen.

Der Kausalkörper wird auch als spiritueller Körper bezeichnet. Er hat die höchste Frequenz aller Körper. Über diesen Körper erfahren wir die Einheit mit allem was ist. Er ist die Verbindung zur Schöpfung, zum göttlichen Sein. Astral-, Mental-, und Kausalkörper bleiben nach dem Tod erhalten und verschmelzen miteinander.

Die Chakren des menschlichen Energiesystems sind Empfangsstationen, Transformatoren und Verteiler der einströmenden Energie. Sie nehmen aus der Umgebung und dem Kosmos Lebensenergie auf und bereiten diese Energie so auf, dass sie von den verschiedenen

Bereichen des Körpers und des feinstofflichen Systems aufgenommen werden kann. Die Chakren organisieren bestimmte Lebensprozesse auf der körperlichen, geistigen und seelischen Ebene. Die Lebensenergie in ihren spezifischen Frequenzen dient zur Erhaltung und Entwicklung des Menschen. Die Chakren nehmen aber nicht nur Energie auf, sondern strahlen auch Energien in die Umgebung ab.

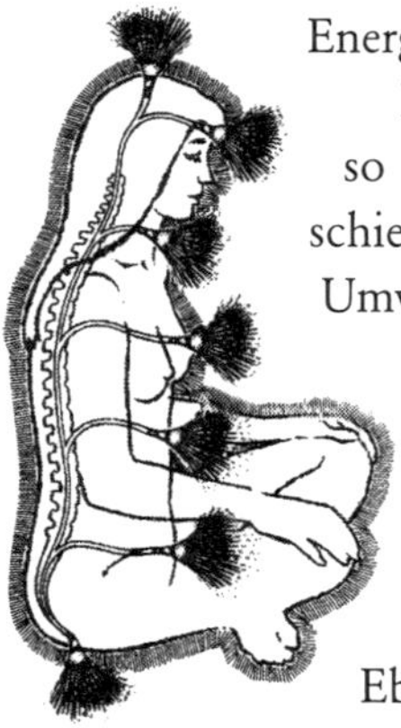

Mit den Chakren tritt der Mensch so in Kommunikation mit den verschiedenen Ebenen im Universum, der Umwelt und den Kräften. Jedes Chakra steht zudem mit bestimmten Organen, Sinnesfunktionen, Körperteilen und Stoffwechselvorgängen in Verbindung, doch sind sie nicht nur für die körperliche Ebene zuständig, sondern auch jeweils für ein Thema des persönlichen Wachstums. Im Folgenden werden die sieben Hauptchakren kurz vorgestellt.

Das erste Chakra – **Wurzel-Chakra**

Lage: zwischen Anus und Genitalien; es öffnet sich nach unten

Organe: auf der körperlichen Ebene beeinflusst das Wurzelchakra alles Feste, Wirbelsäule, Knochen,

Zähne und Nägel sowie Dickdarm, Mastdarm, Beine, Prostata, Blut und Zellaufbau. Es reguliert die Nebennieren und den Temperaturhaushalt.

Sinnesfunktion: Riechen

Zugeordnetes Element: Erde

Farbe: Rot

Themen: Überleben, Flucht, Kampf, Arterhaltung. Ist das erste Chakra geöffnet und in Harmonie, so lebt der Mensch im Gleichklang mit der Erde, er bejaht das Leben und die physische Existenz. Er fühlt sich im Einklang mit dem Kreislauf des Lebens, mit dem Wechsel von Ruhe und Aktivität, von Tod und Geburt. Übergang! Diesem Menschen fällt es leicht, die Ziele in der Welt zu verwirklichen.

Ist das Wurzelchakra in Disharmonie stehen materielle Dinge, Besitz und Sicherheit sowie sinnliche Reize und Genüsse im Vordergrund. Der Mensch kann meist nicht loslassen und will alles festhalten, was sich auf der physischen Ebene dann sehr häufig in Übergewicht oder Verstopfung manifestiert. Der Mensch will in erster Linie seine eigenen Bedürfnisse befriedigen, auch gewaltsames Durchsetzen von Vorstellungen und Wünschen gehören zu einem gestörten Wurzelchakra. Es kann allerdings auch vorkommen, dass sich ein Mensch nicht wohl fühlt auf der Erde, dass er glaubt, nicht hierher zu gehören. Er nimmt dann nur schlecht die Energie durch das Wurzelchakra auf.

Das zweite Chakra – Sakral-Chakra

Lage: oberhalb der Genitalien, unter dem Nabel, Verbindung mit dem Kreuzbein; es öffnet sich nach vorne

Organe: Nieren, Blase, alles Flüssige im Körper (Blut, Lymphe, Sperma, Verdauungssäfte), Fortpflanzungsorgane, Urogenitaltrakt, Haut, Arme, Keimdrüsen

Sinnesfunktion: Schmecken

Zugeordnetes Element: Wasser

Farbe: Orange

Themen: Das zweite Chakra ist das Zentrum ursprünglicher Emotionen, hier sitzen schöpferische Kräfte und sexuelle Energien. Der Zustand dieses Chakras nimmt Einfluss auf die Kreativität und den Selbstwert, auf Lebensfreude, Nähe, Gefühlsreichtum und spirituelle Entwicklung. Ist dieses Chakra gut entwickelt und geöffnet, hat der Mensch ein förderliches offenes Verhältnis zum anderen Geschlecht. Ist das Chakra in Harmonie, so erlebt sich der Mensch als Teil der Schöpfung und freut sich an der Natur. Ist das Sakralchakra jedoch in Disharmonie, kann es zu

Schwierigkeiten mit der eigenen Sexualität kommen, zu mangelndem Selbstwert und Gefühlskälte in Bezug auf Sexualität. Teilweise kann man hier auch den Hang zu extremen sexuellen Neigungen beobachten.

DAS DRITTE CHAKRA - Solar-Plexus-Chakra

Lage: oberhalb des Nabels, unterhalb des Brustbeins; es öffnet sich nach vorne

Organe: unterer Rücken, Bauchhöhle mit den Verdauungsorganen, Leber, Galle, Milz, Magen, vegetatives Nervensystem, Bauchspeicheldrüse, Gelenke, Muskeltonus, Energiestoffwechsel

Sinnesfunktion: Sehen

Zugeordnetes Element: Feuer

Farbe: Gelb

Themen: Das dritte Chakra beeinflusst unsere Emotionen, dabei nimmt es besonderen Einfluss darauf, ob uns eine andere Person sympathisch ist oder nicht. Über das Solar-Plexus-Chakra stehen wir in Kontakt zu der Umwelt. Ein harmonisches drittes Chakra gibt uns ein friedvolles Gefühl, wir sind in Harmonie mit uns selbst, wir können uns mit all unseren Aspekten akzeptieren sowie die Eigenarten anderer Menschen tolerieren. Emotionen bringen uns nicht aus der Ruhe und Gelassenheit.

Ist das Chakra dagegen in Disharmonie, neigt der Mensch dazu, alles kontrollieren zu wollen. Er will Macht ausüben und strebt nach äußerem Reichtum und Anerkennung. Hinter den meisten Reaktionen und Handlungen steht eine - oftmals diffuse - Angst, die von der Person nicht klar definiert werden kann, aber meist in Anpassung mündet und die vitale Kraft behindert.

DAS VIERTE CHAKRA - **Herz-Chakra**

Lage: in der Höhe des Herzens, Brustmitte; es öffnet sich nach vorne

Organe: Herz, oberer Rücken, Lunge, Blut, Kreislauf, Haut, Thymusdrüse

Sinnesfunktion: Tasten

Zugeordnetes Element: Luft

Farbe: Rosa, Grün

Themen: Das vierte Chakra ist zuständig für die Liebe. Gemeint ist hier nicht die sexuelle Liebe, sondern die allumfassende göttliche Liebe, die bedingungslos ist. Wenden wir uns einem kranken Organ liebevoll zu, können wir die Heilung beschleunigen. Ist das Herzchakra geöffnet, strahlt es stark nach außen ab und bewirkt auch bei anderen Menschen eine Heilung. Ist das Chakra in Harmonie erscheint der Mensch für andere Personen warm, herzlich, fröhlich und offen.

Bei disharmonischem Herzchakra fällt es schwer, Liebe zu geben oder anzunehmen. Zärtlichkeit und Sanftheit machen eher verlegen und werden als ungewöhnlich empfunden. Ein Mensch mit geschlossenem Herzchakra wirkt herzlos, kalt und teilnahmslos. Er ist möglicherweise unausgeglichen und depressiv.

DAS FÜNFTE CHAKRA – Hals-Chakra

Lage: zwischen Halsgrube und Kehlkopf, entspringt der Halswirbelsäule; öffnet sich nach vorne

Organe: Hals, Nacken, Kiefer, Bronchien, Schilddrüse

Sinnesfunktion: Hören

Zugeordnetes Element: Äther

Farbe: Hellblau

Themen: Das fünfte Chakra steht für die Kommunikation, den Austausch von Wissen und für den Selbstausdruck durch Sprache, Lachen, Weinen. Ein Mensch mit offenem Halschakra drückt seine Empfindungen und Gedanken offen und ungehemmt aus und zeigt Schwächen und Stärken ohne Vorbehalte. Die Sprache dieser Menschen ist klar und schillernd und sie sind in der Lage, Erkenntnisse ohne Furcht vor dem Urteil anderer weiterzugeben.

Ist das Halschakra allerdings blockiert, fällt es schwer, über Gefühle zu sprechen oder aber der Mensch wird zum bloßen "Schwätzer" banaler Dinge. Bei einem blockierten Halschakra manipulieren Personen teilweise durch die Sprache oder sie sind schüchtern und schweigsam und orientieren sich an der Meinung anderer.

Das sechste Chakra – **Stirn-Chakra oder Drittes Auge**

Lage: zwischen den Augenbrauen, oberhalb der Nasenwurzel, Mitte der Stirn; es öffnet sich nach vorne

Organe: Ohren, Augen, Nase, Hypophyse

Sinnesfunktion: alle Sinne, auch übersinnliche Wahrnehmung

Farbe: Indigoblau, Violett

Themen: Das Stirnchakra ist zuständig für die bewusste Wahrnehmung des Seins. Hier sitzt das individuelle Unterscheidungsvermögen, das Erinnerungsvermögen und der Wille. Es ist die oberste Kommandozentrale des zentralen Nervensystems. Das Dritte Auge ist der Sitz aller Bewusstwerdungsprozesse. Ist dieses Chakra in Disharmonie, handelt es sich meist um einen Menschen, der sich von seinem Verstand steuern lässt und dabei unter Umständen eine intellektuelle

Überheblichkeit präsentiert, die spirituellen Erkenntnissen ablehnend gegenübersteht.

DAS SIEBTE CHAKRA - Kronen-Chakra

Lage: oberhalb der Mitte des Kopfes; es öffnet sich nach oben

Organe: Großhirn, Epiphyse

Farbe: Violett, Weiß, Gold

Themen: Das Kronen- oder Scheitel-Chakra ist der Sitz der höchsten Vollendung im Menschen. Hier sind wir mit dem göttlichen Sein verbunden, hierüber strömt die kosmische Energie in den Menschen. Wenn es vollkommen entwickelt ist und der Mensch zur Erleuchtung gelangt ist, sendet das siebte Chakra eigenständig Energie aus.

Ist dieses Chakra indessen geschlossen, treten Ziellosigkeit und Verunsicherung auf. Der Mensch behält einen Rest an Angst, wobei meist die Angst vor dem Tod eine zentrale Position einnimmt.

Analog zur Anzahl der sieben Chakren durchschreitet der Mensch alle sieben Jahre einen Zyklus, der sich jeweils auf das Thema eines bestimmten Chakras bezieht. Dieser Sieben-Jahres-Zyklus unterteilt sich wiederum in sieben einzelne Jahre, die alle Chakren vom ersten bis zum siebten durchlaufen. Nach 7 x 7 Jahren, also mit 49 Jahren, haben wir alle Energiezentren durchlaufen und können mit dem fünfzigsten Lebensjahr gleichsam von vorne beginnen, im Idealfall auf einer höheren Ebene unserer Entwicklung. Denn nach dem fünfzigsten Lebensjahr stehen neue Entwicklungsschritte für die menschliche Entwicklung an. Auch auf der grobstofflichen körperlichen Ebene wiederholt sich dieser Rhythmus der sieben Jahre. So erneuern sich die Körperzellen innerhalb von sieben Jahren, sieben Jahre sind eine Periode, die ausreicht, um eine grundlegende Veränderung oder Neuorientierung eines Menschen herbeizuführen.

KAPITEL II

Die Mächte des Lichts

○ ○ ○

Naturgeister, Elfen und Gnome

Denken Sie einmal zurück an die Märchen und an die mystischen Bücher Ihrer Kindheit, die von Fabelwesen und unsichtbaren Orten erzählten, und welche Faszination diese Erzählungen auf uns hatten! Erinnern Sie sich daran, dass eine Fee immer drei Wünsche anbot oder dass Spott und Unachtsamkeit in der Natur unverzüglich bestraft wurden. So werden auch heute noch böse Gedanken in der Natur oftmals sofort bestraft, indem ein Wanderer beispielsweise ohne triftigen Grund stolpert oder gar hinfällt.

Das Reich der Elfen, Gnome und Naturgeister, das Reich der Engel und unsichtbaren himmlischen Helfer war für die Generationen etwa zweihundert Jahre vor uns, vor Beginn der Industrialisierung, noch real, denn für sie waren es unstrittige Tatsachen, dass außer der grobstofflichen, physisch sichtbaren menschlichen Existenz noch andere Wesen feinstofflicher, geistiger Natur existieren, die Einfluss nehmen auf die Menschen.

Die Menschen in früheren Zeiten wussten um die Existenz solcher unsichtbarer Wesen und sind ihnen mit Respekt begegnet. Heute ist alles etwas anders, der moderne Mensch orientiert sich meist nur noch an mit technischem Aufwand beweisbaren Dingen. Er vergisst dabei, dass er weniger Ratio - also "Kopfhirn" - ist, als vielmehr ein geistiges Wesen mit einem ausgeprägten "Bauchhirn". Sie stimmen mir gewiss zu, dass sich die intuitiv getroffenen Entscheidungen meist als gut und richtig erweisen, die Entscheidungen hingegen, die gut überlegt werden, sich dagegen häufig als weniger brillant erweisen.

○ ○ ○

Engel und lichtvolle Helfer

»Denn ebenderselbe Engel muss mich empfangen und heben, wenn ich in den Schlaf sinke, der mich empfängt und hebet, wenn ich sterbe.«

(Martin Luther)

Engel erleben im Wassermannzeitalter der religiösen Mischkultur eine Renaissance. Sie gehören ebenso wie die Naturgeister zu den Objekten menschlicher Sehnsüchte. In der Bibel kommen Engel immer von außen. Sie werden als Kraft der eigenen Persönlichkeit verstanden und lassen den Menschen selbstständig entscheiden. Engel sind lichtvolle Gestalten, die auf Geheiß Gottes wirken und eingreifen. Wie im Psalm 91: "Denn er hat seinen Engeln befohlen, dass sie dich behüten auf allen deinen Wegen, dass sie dich auf Händen tragen und du deinen Fuß nicht an einem Stein stoßest."

Demgegenüber treten die Engel in der Dichtung stets in Extremsituationen auf, in denen Menschen Schmerz, Tod oder Liebe erfahren. Sie haben die traditionelle Rolle der himmlischen Boten. Flower A. Newhouse schreibt hierzu in "Engel und Devas": *"Die Engel wirken zwischen der ewigen Stille der unwandelbaren Vollkommenheit Gottes und der Unvollkommenheit des Menschen. Sie sind geweihte Boten der Weisheit, die den Suchenden in Wahrheit und Güte auf den Pfad der Vollendung führen. Das Erscheinen des Engels führt jedoch nicht zu einer Gottesbegegnung, sondern zu einer Stärkung der eigenen Geisteskraft und zu größerem Vertrauen in die eigenen Gedanken."*

Ähnliche Gedanken sind in dem EWZ-Text "Die Wiederkehr der Engel" zu lesen: *"Engel sind Grenzgänger zwischen Himmel und Erde, die Gott zum Menschen bringen und den Menschen vor Gott - dadurch beide ins Gespräch. Sie sichern die Kommunikation zwischen den Sphären und Gottes Omnipräsenz. Die Engel sind frei und keinem Menschen, auch keinem Priester, keiner Liturgie und keiner Theologie untertan, weil sie ihre Freiheit in den Dienst Gottes gestellt haben. Deshalb können sie jedermann untertan sein. In jeder Engelerscheinung wird etwas vom Wesen Gottes deutlich und zugleich von der Situation des Menschen. Da wo der Engel in der Bibel erscheint, liegt eine elementare menschliche Situation vor. In dieser elementaren Situation bringt der Engel Gottes Wesen zur Sprache. Er zeigt die Spuren Gottes in der menschlichen Wirklichkeit."*

Der Engel dient folglich als Mittler zwischen Gott und dem Menschen. Auch ich suche hin und wieder den Kontakt zu den Engeln, das heißt in meinem konkreten Fall zu einem bestimmten Erzengel, der mir bei meiner Arbeit behilflich ist. Dabei diente eine Frau als Medium (mittlerweile habe ich gelernt, selbst mit den Engeln zu kommunizieren). Dieses Medium spürt selbst - und wegen dieser Ehrlichkeit schätze ich sie ganz besonders -, ob sie eine gute, saubere Frequenz besitzt, um mit der Ebene der Erzengel die Kommunikation aufnehmen zu können oder nicht. Hat "mein" Medium den Kontakt hergestellt, werde ich sehr freundlich begrüßt. Ich darf Fragen stellen, und manchmal formuliere ich sie nicht einmal zu Ende und die Antwort ist schon da. Sie wird geschrieben, der Engel führt quasi die Hand. Die Ratschläge sind immer in sehr liebevollem Ton gehalten und niemals erfolgt ein Befehl oder eine Bewertung, denn die Engel dürfen dem Menschen nichts vorschreiben oder befehlen. Wir haben den freien Willen. Wenn ich aber frage: "Was würdet ihr sagen, wie könnte ich es tun?", so kommt ein gut gemeinter Rat. Ab und zu höre ich auch: "Das würden wir dir nicht raten."

Die Interpretation ist nicht immer einfach und erfordert etwas Übung. Vor allem mit den Zeitangaben sollte man sehr vorsichtig umgehen. Sie erfolgen beispielsweise orientiert an Zeichen der Natur und der Jahreszeiten wie: "Wenn die Bäume die Blätter verloren haben (dort wo du lebst natürlich, liebes Kind), wirst du nach Italien gehen." Dies war eine Aussage aus dem Sommer des Jahres 2002. Sie können sich bestimmt vorstellen, wie ich dem Herbst entgegengefiebert habe. Jedes Blatt an den Bäumen habe ich mit Freude fallen sehen und wie enttäuscht bin ich gewesen, als die Bäume kahl und nackt dort standen und ich immer noch in Deutschland war. Diese Aussage bezog sich jedoch auf den Herbst 2003 und führte mich für vier fantastische Wochen nach Rom.

Wie herrlich sind die Engel dargestellt auf Bildern und Fresken der alten Meister. Denken Sie nur an die Sixtinische Kapelle im Vatikan, an die Fresken von Michelangelo, Raffael und Botticelli oder an das fantastische Baptisterium und die Scrovegni-Kapelle in Padua, ausgemalt von den grandiosen Künstlern Menabuoi und Giotto. Wie prachtvoll und mächtig wirken die Engel dort als Boten und Ausführende des göttlichen Willens. Ganz gleich, ob Erzengel Gabriel Maria die bevorstehende Empfängnis verkündet oder ob Erzengel Michael sein Schwert schwingt gegen die bösen Mächte.

Vor ein paar Wochen in Rom traf ich eine junge Frau, die mir offen erzählte, sie halte gar nichts von der Kirche und den Priestern, sie gehe auch nicht zur Messe. Aber sie sei ein gläubiger Mensch und sei sich sicher, dass es eine größere Macht gebe als den Menschen. Sie berichtete vom Wirken eines Schutzengels. Vor einigen Jahren hatte sie einen schweren Autounfall überlebt und während sie bewusstlos auf die Rettungsfahrzeuge wartete, habe sie eine Erscheinung gehabt: Pater Pio, an den sie überhaupt nicht geglaubt hatte, sei ihr im Traum erschienen und habe ihr gesagt, dass ihre Tante ihr das Leben gerettet habe. Ohne den Einsatz dieser längst verstorbenen Tante hätte sie den Autounfall nicht überlebt. Diese Tante, eine Schwester der Mutter, war selbst bei einem Autounfall ums Leben gekommen.

Die junge Frau sagte mir, ich sei außer einem guten Freund die erste Person, der sie das Erlebnis anvertraue. Sie habe immer befürchtet, für verrückt gehalten zu werden. Schutzengel und Schutzheilige sind seit diesem

Erlebnis für die junge Frau allerdings Tatsachen, die nicht wegdiskutiert werden können. Ich habe keinen Zweifel am Wahrheitsgehalt des Berichteten, habe aber auch keine Erklärung, warum ihr ausgerechnet Pater Pio erschienen ist. Nun ist der heilig gesprochene Pater Pio eine allseits bekannte Person in Italien, seine Fotos hängen oder stehen in jeder Wohnung und beinahe jedem Geschäft, er ist einfach überall präsent und eine prominente Persönlichkeit. Möglicherweise liegt hierin der Grund für die Erscheinung der jungen Frau.

In diesem Zusammenhang möchte ich betonen, dass es keine Rolle spielt, wie man über Heilige denkt. Ich selbst habe aufgrund meiner evangelischen Erziehung ein distanziertes Verhältnis zu den Heiligen, die in der katholischen Kirche verehrt werden. Ich muss aber zugeben, dass wohl ein wahrer Kern an der Berichten über die besonderen Taten dieser Menschen ist. Jedenfalls habe ich selbst in der Kirche St. Antonio in Padua eine unbeschreiblich hohe Energie hinter dem Sarg des Heiligen Antonius von Padua bemerkt. Die Gläubigen berührten den Steinsarg so lange wie möglich, während sie daran vorbeigingen. Ich persönlich habe den Sarg nicht angefasst, mich aber in einem halben Meter Entfernung dahinter postiert und die absolut starke Energie gespürt. Egal nun, ob es tatsächlich die Energie des heiligen Antonius war oder mit anwesenden Engelenergien zu tun hatte, Fakt ist, dass gute hohe Energien anwesend waren.

Ich möchte jedoch noch einmal auf Pater Pio zurückkommen. Nachdem ich eine weitere Geschichte über Pater Pio von einer Kundin gehört hatte, habe ich mir ein Buch über diesen Heiligen gekauft und mich mit seiner Lebensgeschichte "angefreundet". Anschließend machte ich folgende Erfahrung: Ich habe Pater Pio in intensiven Gebeten darum angerufen, mir zu erscheinen, wie er anderen Menschen erschienen ist. In der darauf folgenden Nacht bin ich plötzlich aufgewacht, weil mich jemand oder etwas am rechten Arm und der Schulter berührt hatte. Ich spürte einen Windhauch und gleichzeitig einen unbeschreiblich frischen und lieblichen Blumenduft. Ich habe sofort an meinem Kissen und der Bettwäsche geschnuppert, ob der Duft daraus käme. Nein, er war verschwunden. Nichts roch auch nur annähernd nach Blumen. Ich bin mir hundertprozentig sicher, dass Pater Pio meiner Bitte nachgekommen ist und sich bemerkbar gemacht hat.

Daraufhin habe ich mir natürlich Gedanken gemacht, was das alles für mich zu bedeuten hat. Dank meiner Reiki-Einweihungen bin ich in der Lage, mich mit sehr vielen Energien im Universum zu verbinden. Die Erscheinung Pater Pios bei mir ist nur eine weitere Bestätigung dessen. Wenn Pater Pio, so wie es in jenem Buch steht, eine Reinkarnation von Jesus ist, warum sollte ich ihn weiterhin um Hilfe bitten? Warum diesen Umweg machen, wo uns allen doch Jesus Christus direkt mit seiner Hilfe zur Verfügung steht? Für mich steht fest, dass ich auch in Zukunft ausschließlich Jesus um Hilfe bitten werde.

»Sobald die Augen sich schließen, wirst du auferweckt werden. Tausend Jahre werden sein, als wenn du ein halbes Stündchen geschlafen hättest. Gleich wie wir, wenn wir des Nachts den Stundenschlag nicht hören, nicht wissen, wie lange wir geschlafen haben, so sind noch viel mehr im Tode tausend Jahre schnell hinweg. Ehe sich einer umsieht, ist er ein schöner Engel.«

(Martin Luther)

Neben der Zahl der Erzengel gibt es abertausende von Engel-Heerscharen, die jeweils einem Erzengel unterstehen. Jeder Mensch besitzt mindestens einen Schutzengel, der ihm persönlich zur Seite steht und ihn vor dem Tod bewahrt, solange die Zeit dafür noch nicht gekommen ist. Viele Menschen sprechen ganz offen von ihrem Schutzengel, wenn sie einen schlimmen Unfall oder eine schwere Krankheit überstanden haben. Schutzengel helfen eigenständig, wenn es notwendig ist. Es ist nicht nötig, einen Schutzengel um Hilfe und Schutz zu bitten, man kann es aber selbstverständlich trotzdem tun, wobei ein Engel der göttlichen Hierarchie untersteht und auf Anweisung Gottes handelt.

Engel greifen auch nicht ohne gebeten zu werden in unser Leben ein. Der Mensch hat den freien Willen und dieser wird von den Engeln respektiert. Das Leben verläuft allerdings wesentlich reibungsloser und leichter, wenn Sie die zuständigen Engel um Unterstützung bitten; dass das im Einklang mit Gottes Wille zu geschehen hat, ist selbstverständlich. Wir dürfen also nur um Dinge bitten, die anderen Menschen keinen Schaden zufügen. Sehr einfach ist es, Gott Vater (ich liebe diesen Begriff, der mir seit der Kindheit vertraut ist. Sie wissen, dass diese Energie, dieses Wesen viele Namen hat, wichtig ist, dass wir uns nur an ihn wenden) direkt um Hilfe zu bitten und uns seine Engel zu schicken. Es ist nicht nötig, einen bestimmten Engel beim Namen zu nennen und ihn zu rufen. Die übergeordnete Intelligenz weiß sehr viel besser als wir Menschen, was und wer für uns gut ist.

Engel bestehen aus Geist und einem einzigen Element, während der Mensch alle vier Elemente - Feuer, Wasser, Luft und Erde - in sich vereint. Erzengel Raphael ist ein Vertreter des Luftelements, Michael wird dem Feuerelement zugeordnet, Gabriel dem Wasserelement und Uriel oder Auriel ist ein Vertreter des Erdelements. Sie ergänzen und beeinflussen sich untereinander, begeben sich dabei aber kaum in das

Element des anderen. Vereint sind sie vollkommen. Jeder Engel und jeder Dämon ist innerhalb seines Elements in seiner Handlungsfähigkeit beschränkt. Nur der Mensch vereint alle Elemente in sich und ist damit die Krone der Schöpfung.

Kapitel III

Die Mächte der Dunkelheit

○ ○ ○

Erscheinungsformen negativer Energien

- **Gefallene Engel**

Auch Luzifer, der Lichtbringer, besteht nur aus dem Feuerelement. Er ist jedoch nicht interessiert an dem Gleichgewicht des Feuers, er will nicht das Lichtprinzip fördern, sondern ruft ein Übermaß an Feuer und Elektrizität hervor. Er verleitet Physiker und Techniker zur Entdeckung und Ausbeutung von Energiequellen, deren Raubbau die Erde vernichtet. Luzifer lehrt nicht, natürliche Energiequellen wie die Sonnenkraft zu nutzen. Er lehrt Erkenntnis ohne Gefühl und führt zur Gewissenlosigkeit.

Wer Liebhaber alter Kirchen und Gemäldesammlungen ist, dem wird nicht entgehen, dass die Maler im Mittelalter und der Renaissance die herrlichsten Bilder und Fresken schufen, die uns biblische Geschichten, aber auch Szenen aus der Natur und Allegorien zeigen. Oft sind diese Werke voller Abbildungen von Engeln, Erzengeln, Nymphen, Elfen, aber auch von Teufeln und dunklen Wesen. Meist erzählen sie vom Kampf des Guten gegen das Böse.

Wer heute von dunklen Mächten und gefallenen Engeln spricht, wird meist mitleidig belächelt und als Fantast bezeichnet. Es ist aber Realität, dass es auf der Erde nicht nur das Gute gibt, sondern auch das Böse. Wie erklären sich sonst Aggression, Hass und Krieg? Wie sagte schon Martin Luther: *"Wo zwanzig Teufel sind, das sind auch hundert Engel; wenn das nicht so wäre, wären wir schon längst untergegangen. Es muss auch predigen von Teufeln, wer von den lieben Engeln predigt."*

»So bring ich wohl das Böse zur Erscheinung
als Geist der Sonderheit und der Verneinung,
doch neue Welt erschafft mein Geisterorden.«
(Christian Morgenstern)

Das Licht des Himmels war unerreichbar und verschlossen für diese dunklen Engel, sie wandten und wenden sich daher den Menschen zu und versuchen, diese auf ihre Seite zu ziehen. Somit kann der Mensch wählen zwischen der Finsternis oder dem göttlichen Licht. Das Böse tritt also dem Menschen entgegen, um seine höchste Kraft herauszufordern und sein Licht zu prüfen. Jeanne Ruland hat hierzu in ihrem "Großen Buch der Engel" treffend bemerkt:

"Das Wissen um Dämonen und Teufel ist beinahe so alt wie das Wissen um Engel. Sie gehören zusammen,

um den Menschen auf seinem spirituellen Weg und in seiner göttlichen Entwicklung zu unterstützen. Der Mensch sollte Gottesbewusstsein erreichen und das Königreich auf Erden errichten. Dazu war es nötig, dem Menschen das Bewusstwerden über Dinge und Zusammenhänge zu ermöglichen. Es musste also für eine Trennung von der Einheit und eine Spaltung des paradiesischen Zustandes in verschiedene Kräfte gesorgt werden. Dabei stürzten ein Teil der Engel in die Tiefe, der Fall des Luzifer. Getrennt vom göttlichen Bewusstsein, verdunkelten sie sich und entwickelten ihrerseits Gegenkräfte. Es entstanden Selbstbezogenheit, Egoismus, Selbsterleben, aber auch Hass und Zerstörung, die als satanisch gelten. Dazwischen gibt es noch die ganze Bandbreite von Neid, Eifersucht, Missgunst, über Lüge, Betrug, Gier, Faulheit bis hin zum Streben, eine unbeseelte Welt zu erschaffen."

Der asiatische Denkansatz ist der, dass es einen Tag nicht ohne die Nacht gibt, Helle nicht ohne Dunkel und Gut nicht ohne Böse. In jedem von uns wohnen Gut und Böse nebeneinander. Es kommt nur darauf an, wie weit wir in unserer persönlichen Entwicklung sind um das Böse als solches zu erkennen und klein zu halten. Es ist bekannt aus den biblischen Erzählungen, dass Luzifer einst der Lichtbringer und einer der höchsten Engel in der Hierarchie war, bis er sich anmaßte besser und machtvoller zu sein als Gott und diesen herausforderte. Daraufhin wurde er samt seiner Anhänger gestürzt, das heißt aus dem Himmel vertrieben und verbannt. Man spricht seitdem von den gefallenen Engeln. Es handelt sich immerhin um ranghohe Engel mit großer Macht und Verführungskraft. Es ist das erklärte Ziel des Teufels, möglichst viele Menschen weg von Gott und in seine Gewalt zu bringen. Er ist das Synonym für Hass, Neid, Missgunst und Eifersucht.

Die katholische Kirche sieht eine große Gefahr durch den Einfluss des Bösen, speziell in unserer modernen Zeit, die geprägt ist von Egoismus, der Ellbogengesellschaft und materiellen Wünschen und Zielen. Viele konservative Christen machen die Dämonenlehre zu ihrer Theologie. Dabei wird Satan oft überbewertet und gleichgestellt mit Gott, als seien sie zwei gleichberechtigte Kräfte, die um die Vorherrschaft in der Welt ringen.

Von der Evangelischen Zentralstelle für Weltanschauungsfragen wird ein Text von Anette Kick und Hansjörg Hemminger veröffentlicht, in dem zu lesen steht: *"Was Satan angeht, gibt es zwischen Altem und Neuem Testament einen Unterschied. Während er im Alten Testament kaum vorkommt, gehen die neutestamentarischen Schriften einhellig davon aus, dass mit Satan ein Wesen existiert, das über Dämonen gebietet und dem Willen Gottes zuwider arbeitet. Satan ist aus der Sicht des Neuen Testaments der Fürst dieser Welt, die von der Sünde beherrscht wird. Mit der ständig fortwirkenden Stimme der Versuchung zur Angst, zur Lüge, zur Gier, zur Gewalt übt er Macht aus über die Menschen. Aber gleichzeitig ist diese Welt der Sünde eine vergangene, eine entmachtete Welt. Seit Jesus Christus gekommen ist, ist der Weg aus dem Machtbereich Satans heraus offen. In Wirklichkeit hat Satan im Neuen Testament nur die Macht, die wir ihm gewähren. Satan ist kein Gegengott, er kann nichts tun in Gottes Schöpfung, außer wir tun es für ihn. Er kann Satanisten nicht zu Mord und Selbstmord bringen, außer die nähren den Hass und den Stolz und schließlich die Verzweiflung so lange, bis sie zu Gewalt und Tod bereit sind. Dass aber mit Satan ein Wesen existiert, dass gegen den Willen Gottes arbeitet, wird im Neuen Testament vorausgesetzt. Die Texte sprechen von einer Gewalt, die über das Menschenmögliche hinausgeht. Satan tritt als Feind gegen Gott auf. Er will sich quer zum guten Weg Jesu stellen, indem er die Echtheit seines Gottvertrauens prüft. Sonst ist Satan im Neuen Testament die widergöttliche Stimme im Hintergrund der Welt, die ihren vergeblichen Widerspruch gegen das Kommen des Gottesreichs anmeldet. Seine Diener müssen weichen, wo Jesus auftritt. Kranke werden gesund und Besessene erhalten ihre Menschlichkeit zurück."*

Wenn der Mensch beginnt, sich an dem göttlichen Willen zu orientieren und mit den lichtvollen Engeln arbeitet und zusammenwirkt, entwickelt er auch nach und nach die Fähigkeit, sich bewusst den dunklen Kräften entgegenzustellen und sie zu verwandeln. Er erkennt sie als Teil des göttlichen Plans und kann Erlösungsarbeit an ihnen leisten. Die dunklen Kräfte oder das Böse können aus der Isolation und der Dunkelheit erlöst werden und ihren Platz im Licht zurückerhalten.

Das Göttliche war, ist und wird immer sein und jeder Teufel ist ein verkappter Engel. Alles kommt aus der göttlichen Quelle.

• **Negative Wesenheiten**

Den himmlischen Geistwesen gegenüber ist der Mensch unendlich klein und ohne große Macht. Alle dunklen Mächte trachten stets und überall danach, Schaden zuzufügen, zu verderben, Hass zu säen und sich die Menschen untertan zu machen. Es sei aber an dieser Stelle gesagt, dass nur derjenige die dunklen Mächte fürchten muss, der sich ihnen öffnet und - wenn auch aus Neugier oder Nichtwissen - an satanischen Ritualen teilnimmt oder sich schwarzmagischer Praktiken bedient. Viele, vor allem jüngere Menschen, sind sich der Gefährlichkeit der satanischen Kräfte nicht bewusst und gelangen sehr rasch in deren Fänge. Über satanische Umtriebe kann man immer wieder lesen, die Berichterstattung aber ist verhältnismäßig dürftig. In diesem Buch soll aber dennoch nicht detailliert die Rede sein vom Satanskult und seinen Praktiken, denn darüber existiert umfangreiche Fachliteratur und auch die Sektenbeauftragten beschäftigen sich damit. Bereits beim Spielen mit üblen Gedanken und Verwünschungen hat man einen Schritt in Richtung Dunkelheit getan. Es gilt hier wie überall das Resonanzgesetz: Gleiches zieht Gleiches an. Wer gute Gedanken hat für jedermann und alle Kreaturen, der braucht nichts Negatives zu befürchten.

Noch ein Beitrag zu den dunklen Energien und dem Resonanzgesetz: Viele Kinder werden mit der Angst vor dem "lieben" Gott, der alles sieht und hört, erzogen oder es wird ihnen gar vorgeworfen, wenn sie ungehorsam sind, sie hätten den Teufel in sich. Erst kürzlich habe ich eine Klientin kennen gelernt, die mich wegen ihrer dämonischen Besetzung aus einer psychiatrischen Klinik heraus anrief und mich um Hilfe bat. Dieser Dämon hatte sie dazu veranlasst, sich mit Glasscherben und Splittern selbst zu verletzen. In ihrer Kindheit wurde sie immer wieder von ihrem Vater beschimpft und ihr wurde stets gesagt: "Du hast den Satan in dir und Gott wird dich bestrafen!"

Wie man sieht, waren und sind im Fall dieser Frau die dunklen Mächte mit Satan und Teufel immer präsent und im Bewusstsein. Hier zeigt sich wieder einmal, dass dort, wo die Aufmerksamkeit ist ("Satan in dir"), sich die entsprechende Energie (Dämon, Besetzung) manifestiert. Ein Mensch, der keinerlei Konditionierung für Satan und dunkle Mächte hat, wird diese auch nicht anziehen. Wer aber Angst davor hat, läuft vielmehr Gefahr, sich ausgerechnet diese Kräfte, die er so fürchtet, in sein Energiefeld einzuladen. In früheren Rückführungssitzungen und Therapiestunden, so berichtete die Dame mir, habe sie sich ebenfalls sehr stark und intensiv mit satanischen Dingen beschäftigt, um die Konditionierung aus der Kindheit aufzuarbeiten. Daraufhin wurde die Angst vor den dunklen Kräften und Mächten wieder geschürt und verstärkt. Ich zitiere wörtlich: “Ich bin durch die Reinkarnationstherapie noch tiefer in den Konflikt geraten.”

Reinkarnationstherapie ist mit Sicherheit eine sehr gute Form der Therapie, wenn es um Dinge und Konflikte geht, die ein Mensch anschauen sollte, um sich heute besser zu verstehen, aber sie birgt auch Gefahren, wenn sie die Aufmerksamkeit zu stark auf den Konflikt lenkt, anstatt auf die Heilung (Energie fließt dorthin, wo die Aufmerksamkeit ist). Jedem meiner Clearing-Klienten sage ich ohne Umschweife, dass sich aufgrund des Resonanzgesetzes akute Probleme mit schwarzer Magie oder einer Belagerung ergeben, weil er - wann auch immer - mit seinem eigenen Verhalten den Boden dafür bereitet hat. Das genügt den meisten Menschen als Erklärung, sie wollen vielmehr erfahren, wie sie sich in diesem Leben jetzt und in Zukunft verhalten können, damit sie derartige Energien und Reaktionen anderer Personen nicht mehr anziehen. Darauf gibt es nur eine einzige Antwort und Wahrheit: die Liebe. Liebevolle Gedanken und die Pflege eines respektvollen Umgangs mit allen Menschen und allen Kreaturen.

Die Klientin, die sich selbst die Schnittwunden beibrachte, berichtete mir telefonisch nach der ersten halbstündigen Fernsitzung, dass sie während der Sitzung liebevolle Gedanken für ihren Dämon empfunden und dass sie einen tiefen Frieden in sich gespürt habe. Tatsächlich hatte ich mit dem Dämon gesprochen und ihm sehr viel Liebe geschickt sowie für ihn gebetet. Das ist das Erfolgsrezept: Gebet und Liebe, oder vielmehr Gebet gleich Liebe. Nochmals: **Die Liebe ist die stärkste Kraft und viel stärker als die dunkle Macht.** Ich behaupte sogar, dass sich die dunklen Mächte, wie in diesem Fall der Dämon, nach Licht und Liebe sehnen, denn sonst hätte er sich kaum besänftigen lassen!

Besonders beeindruckend ist für mich, dass diese Klientin davon sprach, sie habe in der Psychotherapie "kein Herz gespürt", es sei alles rational erklärt worden und habe sich auf die analytische Arbeit beschränkt, und sie habe sich dabei nicht gefunden. Die Arbeit habe nur im und mit dem Kopf stattgefunden, dabei sei kein Platz gewesen für Licht und Liebe. Ich bin der Überzeugung, dass die Zeit vorüber ist, nur mit dem Verstand und angelerntem Wissen zu praktizieren und ich bin so glücklich, dass ich endlich einmal von einer Klientin die Bestätigung dafür erhalten habe, was ich seit langem empfunden habe und was die geistigen Helfer uns immer wieder mitteilen: Es geht nicht ohne Liebe! Ohne Liebe kommen wir schnell an die Grenzen unseres Verstandes. Die Seele aber, die grenzenlos und unendlich ist, verlangt nach Herz und Liebe. Und damit lösen sich alle Probleme, sogar ein Dämon verlangt danach, denn Liebe kommt aus der Quelle, mehr noch: Liebe ist die Quelle.

Wie wir bereits gehört haben, sind in jedem Menschen jeweils Gut und Böse angelegt und es ist nur eine Frage der Einstellung, Bildung und der Erfahrungen, ob jemand mehr zur guten oder mehr zur bösen Seite tendiert. Was ich aber aus eigener Erfahrung hierzu sagen muss, ist, dass ich dachte, das Böse existiere nicht als Form, sondern nur in unseren Gedanken und materialisiere sich dann entsprechend. Durch meine Arbeit in Häusern mit Poltergeistern und durch das Clearing an Personen muss ich aber sagen, dass es tatsächlich Besetzungen gibt, auf die Menschen, die mich rufen, keinen Einfluss haben - zumindest nicht in der aktuellen Inkarnation. Schon bei kleinen Kindern kommen Besetzungen vor oder Menschen ziehen in besetzte Häuser ein. Das sind Situationen, auf die aktuell niemand Einfluss genommen hat, die niemand verursacht hat in dieser Existenz. Ich weiß, dass es tatsächlich bestimmte Formen des Bösen gibt, dass der oder das Böse existiert, wie auch die Engel existieren. Es liegt lediglich in unserer eigenen Verantwortung, nach welcher Seite wir uns öffnen. Immerhin beten wir auch im Vaterunser "und führe uns nicht in Versuchung", bzw. "und führe uns aus der Versuchung".

Immer wieder bekomme ich indessen zu hören: "Dämonen gibt es doch gar nicht! Es handelt sich doch nur um arme Seelen, die ins Licht geführt werden wollen und müssen." Und es gibt sie doch!

Genauso wie es positive Geistwesen, die Engel, gibt, gibt es auch negative Geistwesen, die Dämonen. Sie verfügen über gewisse spezielle Eigenschaften und haben unterschiedliche Aufgaben. Im Gegensatz zu den Engeln, die den Menschen Impulse geben für ein positives Seelenwachstum, versuchen die Dämonen die negativen Seelenanteile im Menschen zu fördern. Ein positives Wesen hält sich nur in Räumen mit positiver, hoch schwingender Energie auf, ein negatives Wesen sich fühlt dagegen dort am wohlsten, wo eine zerstörerische, niedrige Schwingung herrscht. Es versucht, diese Schwingung weiterhin zu verstärken, um dadurch noch mehr Einfluss ausüben zu können. Niedere negative Schwingungen sind nicht nur Neid, Wut, Hass, Lüge und Aggression, sondern auch Niedergeschlagenheit, Trauer, Pessimismus, Angst und Eifersucht. Negative Wesenheiten oder Energien arbeiten genauso wie die Wesenheiten, die wir als positiv bezeichnen. Ein dämonisches, dunkles Wesen versucht den Menschen zu Wut, Ärger, Aggression zu bewegen, um sich davon zu ernähren. Das gelingt allerdings nur, solange der Mensch sich auch böser, hasserfüllter Gedanken hingibt.

Eine positive Wesenheit dagegen versucht, den Menschen zur Fröhlichkeit zu bewegen und ihn zu einem erfüllten, optimistischen Leben zu führen. Gelingt es ihr, so dient die Energie der Freude teilweise als energetische Nahrung für diese positive Wesenheit, sagen wir für einen Engel. Ein Mensch, der sich im Einklang mit sich selbst und Gott befindet, der sich als göttliches Wesen erkennt, der sich liebt und diese Liebe auf andere überträgt und standhaft bleibt in seiner Liebe, ein solcher Mensch hat eine hohe Frequenz. Er ist damit nicht angreifbar durch negative Wesenheiten oder Dämonen und ist auch gesund an Körper, Geist und Seele. Der Mensch ist in der Lage, sein Gemüt, seine Gedanken und Gefühle sowie seinen Charakter weiterzuentwickeln und zu kontrollieren, denn wir sind selbst verantwortlich für unser Schicksal.

Und trotzdem muss deutlich gesagt und wiederholt betont werden, dass es Wesenheiten gibt, die einen negativen, zerstörerischen und trennenden Einfluss auf uns nehmen wollen. Denn so wie es die guten Helfer gibt, so existiert eben auch die andere Seite. Alles hat eben zwei Seiten, und das eine kann ohne das andere nicht existieren. Es gibt den Tag nicht ohne die Nacht, Helle nicht ohne Dunkel, das Gute nicht ohne das Böse.

In den letzten Jahren ist vor allem in der Kirche eine Diskussion um den Exorzismus entbrannt. Es geht dabei meist allein um die Frage, ob Dämonen existieren oder nicht. Das aber setzt voraus, dass man genau weiß, was ein Dämon ist. In Wirklichkeit jedoch ist ein Dämon kein fest umrissener Begriff, sondern vielmehr ein Symbol, das das Wirken und die

Technik der Dämonen beschreibt. Zu sagen, dass Dämonen nichts als Gedanken oder Willensneigungen sind, würde uns an der Erforschung dieses Phänomens hindern. Dämonen, die ich als schädliche Fremdenergien und dunkle Wesenheiten beschrieben haben möchte, stellen sich in vielerlei Formen und Gestalten dar und wirken auf unterschiedliche Art und Weise - indessen immer zerstörerisch und mit negativen Folgen für das Opfer.

Gedanken, die von Dämonen stammen, kreieren stets Leidenschaft und Emotionen beim Betrachten von bestimmten Dingen. Welche Vergnügen bereiten sie und wie führen sie zu Ruhm? Aber noch viel schlimmer: Dämonen können einen Menschen so beherrschen, dass er besessen ist. Krankheiten, Schizophrenie, Epilepsie, Wahnsinn und Hysterie werden von ihnen verursacht, schreiben die alten Mönche.

Dass es sehr viel auf unsere eigenen Gedanken, Wünsche und Vorstellungen ankommt, beschreibt auch Anselm Grün, Mönch der Benediktinerabtei Münsterschwarzach in seinem Buch "Der Umgang mit dem Bösen", das vom Dämonenkampf im alten Mönchtum handelt. Hier schreibt er, *"dass die Mönche eine Wirklichkeit zur Sprache bringen, der wir uns alle zu stellen haben. Auf unserem Weg zu Gott erfahren wir, dass in uns vieles ist, das uns von Gott abhalten will. In uns sind Triebe, begehrliche Wünsche, überzogene*

Bedürfnisse Machtgelüste, negative Emotionen, die uns blind machen für die Realität, heftige Affekte, die uns durcheinander bringen und uns den Blick für Gott verstellen. Die Mönche haben erfahren, dass man nicht zu Gott kommen kann, ohne sich diesen Trieben und Emotionen zu stellen."

Die alten Mönche kannten viele Arten von Dämonen: Völlerei, Unkeuschheit, Habsucht, Verzweiflung, Zorn, Hochmut, Eitelkeit und acedia (Trägheit). Letztgenannter Dämon ist für die alten Mönche der gefährlichste, er erstickt den Verstand und raubt der Seele jede Spannkraft. Man hat zu nichts mehr Lust, die Trägheit schafft Überdruss und Angst des Herzens sowie innere Beklemmung und führt schließlich zur Bitterkeit, so Evagrius.

Gregor der Große zählt zu den Folgen der acedia die Verzweiflung, Entmutigung, Missmut, Verbitterung, Gleichgültigkeit, Schläfrigkeit, Langeweile, Flucht vor sich selbst, Überdruss, Unruhe des Geistes und des Körpers, Hast und Wankelmut. Wer erkennt sich nicht selbst in der genannten Beschreibung wieder, die meisten Menschen werden zumindest einen Punkt der Emotionen und Verhaltensweisen schon an sich beobachtet haben.

Wie wir sehen, gaben die alten Mönche diesen Emotionen einen Namen und erkannten sie als von Dämonen verursacht, um sie aus dem Gleichgewicht und von dem Weg zu Gott abzubringen. Auch heute gibt es Psychologen, die in einer Suchttherapie dem Abhängigen raten, seine Sucht - egal, ob es sich um Nikotin, Alkohol oder Drogen handelt - zu personifizieren und als einen Gegner zu betrachten. Betrachtet man die Sucht nämlich als einen Menschen, der einem Schaden zufügen will oder als einen Dämon, ist es wesentlich einfacher, dagegen zu kämpfen und die Beeinflussung und Zerstörung nicht zuzulassen.

Dämonen oder negative Wesenheiten (negative Energien) wirken bevorzugt auf den emotionalen Teil der Seele, auf den erregbaren Teil, der Emotionen erzeugt wie Eifersucht, Hass oder Zorn. Liegt es nicht nahe, in einem von blindem Zorn aufgewühlten und erregten Menschen, der gegen andere Menschen wütet und sich wie rasend gebärdet, einen Dämon zu sehen? Zorn zerstört den Menschen, der ihn verspürt. Nach einem Anfall von Zorn, fällt der Zornige in die Erschöpfung. Zorn kostet Kraft und Energie, ein Wutausbruch aktiviert alle Körperfunktionen und lässt den Kopf brummen, Schwindelgefühl setzt ein und am Ende kommt die beinahe Bewusstlosigkeit, die Handlungsunfähigkeit, der physische und psychische Zusammenbruch. Nach einem Zornausbruch setzt Müdigkeit ein und Erschöpfung des Geistes. Man fühlt sich mies und ausgelaugt. Es ist ein passendes und deutliches Beispiel dafür, wie dämonische negative Energien wirken - sie führen immer in die Zerstörung und die Trennung von anderen Menschen und letztendlich von Gott. Dem Zorn gegenüber steht die Liebe, das Verständnis und die Akzeptanz, die alle in den Frieden mit sich selbst und mit Gott führen.

Anselm Grün führt ein Zitat aus der Bibel an, ein Gleichnis für die Verwandlung des Bösen (Lukas 4,31f): "*Wenn ein König gegen einen anderen in den Krieg zieht, setzt er sich dann nicht zuerst hin und überlegt, ob er sich mit seinen zehntausend Mann dem entgegenstellen kann, der mit zwanzigtausend gegen ihn anrückt? Kann er es nicht, dann schickt er eine Gesandtschaft, solange der andere noch weit weg ist, und bittet um Frieden*". Die Botschaft dahinter ist ganz einfach: Es ist leichter und effizienter, sich mit dem Bösen auszusöhnen und es mit Hilfe sowie dem Glauben an Jesus Christus zu überwinden und zu verwandeln, als dagegen anzukämpfen.

Das Böse ist Bestandteil dieser Welt, so wie auch das Gute ein unabänderlicher Teil unseres Lebens ist. Wir können das Böse nur entmachten, wenn wir angemessen damit umgehen. Sind wir Menschen weniger kriegerisch und zerstörerisch, lieben wir Menschen mehr das Gute, wollen wir keinen Triumph über das Böse erringen (Triumph schafft Feinde!) und erkennen wir unsere Sündhaftigkeit an, dann wird der Frieden einkehren.

• Elementale und deren Erzeugung

Elementale sind Wesenheiten, die bewusst und willentlich von einem Magier geschaffen wurden. Sie können auf der Mentalebene gewisse Aufgaben erfüllen, es sind sozusagen Diener des Magiers. Ein Magier kann mit solchen Elementalen quasi alles erreichen, er kann zum Beispiel die Gedanken eines anderen Menschen beeinflussen sowie die intellektuellen und geistigen Fähigkeiten eines Menschen stärken oder schwächen. Ein Magier ist mit Elementalen zudem in der Lage, sich selbst und andere vor fremden Einflüssen zu schützen, er kann eine günstige Atmosphäre schaffen für ein Gespräch und kann aber auch jeden schwachen Menschen seinem eigenen Willen unterwerfen. Der wahre Magier (Magie = Gottesdienst) wird aber nur Gutes und Edles vorhaben, da er selbst doch in seiner spirituellen Entwicklung die höchste Stufe erreichen will.

Die Schaffung von Elementalen ist relativ einfach. Sie erfolgt durch Imagination, durch eine Namensgebung, denn nur was mit einem Namen angesprochen werden kann, existiert auch. Dann erfolgt der Befehl, was ausgeübt werden soll. Solche Befehle erfolgen in der Gegenwartsform, wobei es auch wichtig ist, die Wirksamkeit einzuprägen, d.h. die Dauer der Aktion, ob eine zeitliche Beschränkung erfolgen oder ob die Wirkung andauern soll.

Nicht alle magisch arbeitenden Mensch haben nur Gutes im Sinn und so ist es kein Wunder, dass es auch Elementale gibt, die den Auftrag haben, Schaden zuzufügen. Ein Schwarzmagier kann durch Mantras, das sind in bestimmter Art und Weise ausgesprochene oder gesungene Laute, Silben oder Sätze, Elementale und niedere Geistwesen rufen und sie beherrschen. Dieser Aufruf erfolgt über ein Schwingungsmaß, das dem Wesen zu eigen ist und welches der Magier kennt. Durch den Klang des Mantras und der ausgelösten Frequenz kann der Schwarzmagier die Elementale führen und sie sogar vernichten. Er zwingt mittels Mantra einen Geist dazu, ihm zu gehorchen, weshalb Mantras, gute wie weniger gute, eifersüchtig behütet und geschützt werden, da sie einen unsagbaren Schatz und eine große Macht darstellen.

Die Assoziationen der meisten Menschen in Bezug auf Mantras beschränken sich auf den asiatischen Raum, doch auch wir Europäer verwenden Mantras. Es handelt sich um gesprochene oder gedachte einzelne Wörter oder eine festgelegte Abfolge davon; "Amen" und "Im Namen des Vaters, des Sohnes und des Heiligen Geistes" sind ebenfalls Mantras. Das entsprechende Symbol zum zuletzt erwähnten Mantra ist das Kreuz.

• Fluch und Verwünschung

Jeder Gedanke und jedes Gefühl ist als Energiefeld feinstofflich wahrnehmbar. Wir können daher mit positiven liebevollen Gedanken Gutes tun und eine hervorragende hohe Schwingung erzielen oder aber mit hasserfüllten und bösen Gedanken eine niedrige Schwingung der Vernichtung erzeugen. Ein mit Aggression und Hass ausgesprochener oder auch nur gedachter Fluch verfehlt seine Wirkung nicht und wird dem Empfänger in jedem Fall schaden.

Ein bei der Hochzeit der Tochter mit einem nicht erwünschten Mann ausgesprochener Fluch der Schwiegermutter wirkte seit zwölf Jahren und nahm Einfluss auf das Eheleben und die Harmonie der Ehepartner. Da beide den laut ausgesprochenen Fluch gehört hatten und aufgrund ihrer Spiritualität in der Lage sind, die eigene Schwingung ziemlich hoch zu halten, konnte der Fluch die beiden bisher nicht trennen. Jedoch richtig glücklich waren sie bis zum Clearing, der Befreiung von den Folgen des Fluchs, nicht.

Ein anderes Beispiel: Ein Mann ist in zweiter Ehe mit einer wesentlich jüngeren Frau verheiratet. Gemeinsam haben sie ein kleines Mädchen von fünf Jahren. Immer am Tag seines Geburtstags erkrankt das Kind schwer mit völlig diffusen Symptomen, so dass jedes Mal eine Einweisung ins Krankenhaus erfolgt und damit die Geburtstagsfeier verdorben ist – ganz abgesehen von den Schmerzen, die das Kind hat. Die Eltern sind verzweifelt und voller Sorge. Auch in diesem Fall handelt es sich bei der Erkrankung des Kindes, die übrigens immer nur 24 Stunden andauert, um einen bei der Geburt des Mädchens ausgesprochenen Fluch aus der Familie der ehemaligen Ehefrau des Mannes. Als Motiv denkbar sind Eifersucht und Missgunst sowie Hass.

Seien Sie bitte auch sehr aufmerksam, wenn Sie sich aus einem Urlaub oder einer Fernreise ein Andenken mitbringen oder eines geschenkt bekommen. Ganz häufig sind solche Gegenstände mit Flüchen und Zaubern belastet, die ihre Wirkung entfalten, wenn Sie sich zu Hause mit dem Reiseandenken umgeben. Beispielsweise hatte sich ein Lehrerehepaar aus Mexiko einen Mayakalender aus Stein mitgebracht und ihn in der Diele des Wohnhauses aufgehängt. Es dauerte nicht lange und der Mann erkrankte psychisch, wenig später wurde auch die Ehefrau immer schwächer. Bei einer Begehung des Hauses bezüglich einer Feng-Shui-Beratung bemerkte ich, dass dieser Kalender Energie abzieht. Ich spürte, als ich ihm in der Diele gegenüberstand, dass mir Energie aus den Händen und Füßen wegfloss. Auf dem Kalender lastete ein Fluch, der mit einer Reinigung und durch Lichtarbeit gebannt werden konnte. Wäre das nicht bemerkt worden, hätte es auf alle Fälle noch viel schlimmere gesundheitliche Folgen für das Paar gehabt.

Bei einer weiteren Hausbegehung aufgrund anwesender Geistwesen, bemerkte ich ein unangenehmes Ziehen in meinem Oberkiefer, ziemlich stark und schmerzhaft. Ich begann mich umzuschauen und sah eine kleine Wanduhr, ein Reisemitbringsel aus Südamerika. Ich fragte nach, ob die Bewohner Probleme mit den Zähnen und dem Kiefer hätten und war gar nicht mehr erstaunt, als der Hausherr bestätigte, er leide seit Monaten unter starken Schmerzen und die Behandlung beim Zahnarzt verlaufe schleppend und sehr unbefriedigend. Diese kleine Uhr war ebenfalls mit einem Fluch oder Zauber versehen, dass der Mann des Hauses, in dem sie hängt, Kieferprobleme erhalten solle.

Noch ein Beispiel, diesmal aus Afrika: ein junges Pärchen verreiste gemeinsam nach Kenia in eine Hotelanlage, wo sich recht bald ein farbiges Zimmermädchen in den jungen Mann aus Deutschland verliebte. Sie schenkte ihm zum Abschied einen geschnitzten Kopf aus Ebenholz. Nachdem das junge Paar in seine Wohnung zurückgekehrt war und der Kopf einen Platz im Wohnzimmer gefunden hatte, erkrankte die junge Frau schwer. Die Ärzte konnten nichts feststellen, aber sie wurde immer schwächer und war schließlich nicht mehr in der Lage, ihren Beruf auszuüben. Sie wurde immer verzweifelter und suchte schließlich Rat in einer Feng-Shui-Analyse.

Es stellte sich heraus, dass auf diesem geschnitzten Holzkopf ein Fluch saß, der nur der jungen Frau schadete. Das Zimmermädchen, das den jungen deutschen Mann begehrte, wollte wohl deren Tod erreichen und hoffte, den Mann für sich gewinnen zu können. In diesem Fall wurde auf eine feinstoffliche Reinigung des Gegenstandes verzichtet und er wurde verbrannt. – Oft brennen solche mit einem Fluch oder Zauber verseuchten Gegenstände lichterloh und weitaus stärker, als man üblicherweise erwartet. Als würde sich etwas dagegen wehren, von den Flammen verzehrt zu werden.

Wenn Sie also hören oder erkennen, dass sich Personen nach einer Reise oder nach dem Erhalt von irgendwelchen Gegenständen aus dem Ausland verändern, gesundheitliche Probleme bekommen oder in eine schwierige Lebenssituation geraten, so denken Sie bitte auch an Voodoo und Flüche.

In dieses Kapitel gehört auch das vor allem in Süditalien angewandte Malocchio, der böse Blick. Wie mir ein Mann aus Neapel erzählte, beschäftigen sich vor allen Dingen ältere Frauen mit dem Malocchio, was nichts anderes bedeutet, als dass auf andere Personen Einfluss genommen wird und zwar durch Beeinflussung während des Anschauens oder aber durch eine Berührung wie das Händeschütteln. Die Bevölkerung wendet sich an diese Frauen mit ganz unterschiedlichen Belangen, meistens geht es aber um Partnerschaft und Beziehungen. Manchmal soll aber auch einfach nur jemandem geschadet werden. Das sind die Fälle, wo es einem Menschen plötzlich gesundheitlich schlecht geht, wo sich Magenschmerzen einschleichen oder das Herz wehtut. Kommt beispielsweise eine Frau mit dem

Foto ihres Freundes, der im Begriff ist, sich von ihr abzuwenden, doch sie will das nicht akzeptieren und möchte, dass dieser Mann sie liebt, so nimmt das Medium in einem solchen Fall eine schwarzmagische Handlung vor, bei der Einfluss auf den Mann genommen wird.

Ein ganz aktuelles Beispiel aus Sardinien: Ein Arzt will eines Morgens wie gewöhnlich aus dem Bett aufstehen, schafft es aber nicht, weil ihm sofort schwindelig wird. Er verspürt starke Übelkeit und Kopfschmerzen, außerdem Schläge in seinem Kopf, er kann sich vor Übelkeit und Schwindel nicht erheben, fällt immer wieder zu Boden und muss sich pausenlos übergeben. Die Ehefrau weiß sich keinen anderen Rat, als ihn in ein Krankenhaus einzuliefern. Das Erbrechen setzt sich für die Dauer von insgesamt drei Tagen fort. Er fühlt sich mehr tot als lebendig und nur das Verabreichen von Infusionen hält ihn am Leben. Nach drei Tagen ist der Spuk vorbei. Es geht ihm so gut, als sei nichts gewesen.

Da solche Attacken nichts Ungewöhnliches sind auf Sardinien, besuchte der Arzt eine Magierin (eine Hexe, wie er sagt), die ihm bestätigte, dass es sich um einen Angriff schwarzmagischer Art gehandelt habe. “Malocchio”, sagte sie nur, der böse Blick.

Ein solcher Angriff stellt eine Verletzung des freien Willens der betroffenen Person sowie eine starke Manipulation dar, die negatives Karma erzeugt. Ich kann mir nicht vorstellen, dass die Ausführenden von dem

Gesetz der Resonanz, von Ursache und Wirkung, wissen. Ansonsten würden sie anderen Menschen wohl kaum so bösartig Schaden zufügen.

In der Bevölkerung weiß man aber auch Bescheid darüber, wie man erkennen kann, ob eine Person unter dem Einfluss eines Malocchio oder eines schwarzmagischen Angriffs steht. Dazu werden in ein Glas mit Wasser ein oder zwei Tropfen Öl gegeben. Verteilt sich das Öl und "verschwindet", steht die anwesende Person unter einem schwarzmagischen Einfluss. Bleiben dagegen die Öltropfen auf der Wasseroberfläche, ohne sich zu zerteilen oder gar unterzugehen, ist die anwesende Person frei von negativer Beeinflussung.

Eine andere Methode, die auf die Anwesenheit von dunklen Energien hinweisen soll, ist es sieben (die ungerade Zahl ist wichtig) unbehandelte Zitronen auszulegen. Trocknen die Zitronen im Laufe der Zeit ein, ist der Raum frei von schädlichen Energien. Bekommen die Früchte aber faulige Stellen oder beginnen zu schimmeln, so handelt es sich um die Anwesenheit von unerwünschten bösen Energien oder Wesenheiten in dem entsprechenden Raum.

Wir sehen wieder einmal, dass sich das Mysteriöse und das Wissen oder Halbwissen um fremde Energien, deren Herbeirufen, Erkennen und deren Beseitigung in den südlichen Ländern und auf dem Balkan gehalten hat. Sicherlich gibt es aber auch in Deutschland noch

Gegenden, in denen dieses alte traditionelle Wissen, wie negative Energien erkannt werden, noch weitergegeben wird. Vor allem in ländlichen Regionen, im Voralpenland und im Bayrischen Wald, ebenso in der norddeutschen Ebene an den Küsten von Nord- und Ostsee, müsste dieses Wissen zumindest in Fragmenten erhalten geblieben sein. (Ich habe großes Interesse an derartigem überliefertem Wissen und bitte alle Leser, die Kenntnisse über solche Methoden haben, sich bei mir zu melden.)

• Schwarze Magie und Voodoo

Nicht jede missglückte Unternehmung oder jede Krankheit ist auf einen schwarzmagischen Angriff zurückzuführen und es ist nicht ratsam, sich in Einbildungen hineinzusteigern, denn damit würden wir uns nur Angriffen öffnen und im Verfolgungswahn landen - wie wir eindrucksvoll an dem Bericht über das Ehepaar aus dem Badischen sehen konnten. Allen schwarzmagischen Angriffen gemeinsam ist die konzentrierte Empfindung, die an einen gezielten Auftrag gekoppelt ist. Diese Empfindung wird mit dem Auftrag zielgerichtet losgeschickt und wird damit absolut wirksam. Ein schwarzmagischer Angriff erfolgt immer in vollem Bewusstsein und mit voller Absicht. In jedem Fall wird ein Schaden für die Empfängerperson gewünscht. Schwarze Magie geschieht niemals zufällig oder absichtslos.

Jeder Gedanke und jedes Gefühl ist als Energiefeld feinstofflicher Art wahrnehmbar und wirkungsvoll. Das bedeutet, dass wir ständig magisch handeln, indem wir Energien erzeugen, die eine gewisse Qualität haben und damit eine Wirkung erzeugen. So können wir den Mitmenschen mit positiven Gedanken durchaus etwas Gutes tun oder ihnen mit Hass und Neid allerdings auch Schaden zufügen. Das geht sehr schnell und es ist wichtig, zu erkennen, dass wir permanent Gedanken senden und damit zu einer Realität beitragen. Damit wird auch klar, dass ein mit Hass und Aggressionen geladener Fluch, der ausgesprochen oder auch nur gedacht wird, eine enorme negative Wirkung hat. Diese Handlung an sich ist absolut schwarzmagisch, auch wenn man kein Schwarzmagier ist, denn es ist bei diesen Handlungen völlig egal, ob der Täter darüber Bescheid weiß oder nicht.

Der schönste und reinste Gedanke ist der der Liebe. Senden wir liebevolle Gedanken aus für jedermann, so ernten wir liebevolle Gedanken. Eine heikle Situation kann somit entspannt werden. Versuchen Sie es doch einmal: Senden Sie Liebe statt Ärger, wenn Sie sich missverstanden oder schlecht behandelt fühlen!

Doch statt dem liebevollen Umgang miteinander ist Voodoo neuerdings bei uns in Mode gekommen. Es wird als Spielchen verstanden und in nahezu jeder Buchhandlung, insbesondere aber in esoterischen Buchhandlungen, werden Bücher über Voodoo angeboten und das legendäre Püppchen aus Stroh gleich mit dazu. Nicht fehlen darf natürlich das Nadelset und die präzise Anleitung, wie ich meinen lieben Mitmenschen das Leben erschwere und sie ein bisschen ärgere. Das Internet liefert diejenigen Informationen frei Haus, die dem Voodoo-Set aus der Buchhandlung noch fehlen. Wenn Sie gedanklich mit einer Person in Kontakt gehen und ihr über schwarze Magie oder Voodoo Schaden zufügen und Schmerzen bereiten, brauchen Sie sich nicht zu wundern, wenn Sie ebensolche Praktiken anziehen und selbst Opfer werden. Bedenken Sie daher vor allen Dingen die Konsequenzen des Resonanzgesetzes, das Karma, bei ihren Handlungen.

Ein Beispiel aus der Praxis: Vor etwa zwei Jahren kam ein Mann zu mir und bat mich um Hilfe. Es war ihm sichtlich unangenehm, diesen ungewöhnlichen Schritt zu tun, denn er gehörte zu den Menschen, die nur das glauben, was sie sehen. Bis zu jenem Tag, an dem er selbst getroffen wurde von einem schweren bösartigen schwarzmagischen Angriff. Was war geschehen? Dieser Mann hatte vor einigen Jahren eine Frau geheiratet, deren Eltern und Verwandte aus Rumänien stammen.

Von Anfang an genoss er nicht die Sympathie seiner Schwiegereltern und immer häufiger kam es zu Missstimmungen in der Familie und zu Streitigkeiten mit der Schwiegermutter. Als die Partnerschaft immer schwieriger wurde und die Harmonie verloren ging, die Eheleute also vor der Trennung standen, ging es diesem Klienten gesundheitlich immer schlechter. Da er selbst Mediziner war, konnte er sehr gut beurteilen, dass alle Symptome auf eine Vergiftung hindeuteten. Er schilderte mir, er habe ständig Kopfschmerzen, könne sich nicht konzentrieren, seine Zunge sei teilweise schwarz belegt und er sei mit den Nerven vollkommen am Ende. Er hegte den Verdacht, in seinem Haus seien bei Renovierungsarbeiten Farben mit Giftstoffen verwendet worden. Er beauftragte Umweltmediziner, ließ Staub- und Stoffproben nehmen und konnte es kaum fassen, dass das Ergebnis negativ war. Niemand hatte irgendetwas Schädliches in seiner Wohnung gefunden. Da niemand einen Anhaltspunkt fand, wurde er von Medizinern und schließlich auch von seiner eigenen Familie als Simulant behandelt. Man legte ihm sogar nahe, sich in eine psychiatrische Klinik zu begeben. Jedenfalls stand er als freiberuflich Tätiger aufgrund der gesundheitlichen Beeinträchtigung sehr schnell vor dem finanziellen Ruin.

Als ich in seinen Arbeitsbereich im Haus kam, spürte ich nach etwa zwei Minuten einen metallenen Geschmack auf der Zunge, mir wurde übel und leicht schwindelig. Ich verließ den Raum und stellte einige Tests an, die einwandfrei Folgendes ergaben: Auf feinstofflicher Ebene, die mit herkömmlichen Methoden nicht messbar und nicht sichtbar ist, wurden diesem Klienten ganz gezielt in seinen Arbeitsbereich Giftstoffe geschickt, die die oben beschriebenen Symptome auslösten.

Die Schwiegermutter hatte noch Kontakte nach Rumänien und dort einen Magier beauftragt, ihrem Schwiegersohn zu schaden, und zwar so, dass keine andere Person davon betroffen sei außer ihm. Ich habe die Räume gereinigt, die schwarze Magie gebannt und ihn davon überzeugt, dass er seine Schwiegermutter in seine Gebete mit einschließt und zwar, indem er ihr von Herzen alles Gute wünscht. Es war etwas schwierig, ihn davon zu überzeugen, dass er selbst mit seiner Einstellung und seinen Gedanken die Basis für einen derartigen Angriff geschaffen hatte.

Auch wenn ein schwarzmagischer Angriff abgewehrt und die betroffene Person davon befreit und nunmehr geschützt ist, kann es immer wieder zu solchen Attacken kommen, wenn nicht eine Gedankenhygiene betrieben wird seitens des "Opfers". Auch hier gilt das Resonanzgesetz von Ursache und Wirkung! Nur wer für schwarzmagische Techniken und Methoden offen war und/oder ist, zieht solche Angriffe in sein derzeitiges Leben. Das ist kein Grund sich zu schämen, aber es ist gut, darüber Bescheid zu wissen, um sich in Zukunft davor zu bewahren. Wie Sie sehen, sind wir immer und ausnahmslos für unser eigenes Leben selbst verantwortlich.

Es gibt Symptome bei denen an einen Angriff durch schwarze Magie oder Voodoo zu denken ist:

Herzbeschwerden und Herzdruck können ein Anzeichen für einen schwarzmagischen Angriff sein, wenn medizinische Untersuchungen keinen Hinweis auf eine Erkrankung liefern. Das Herz ist ein sehr beliebter "Treff"-Punkt. Das Herz gilt als Sitz der Seele und des Lebens. Wird eine Person hier getroffen und attackiert, so leidet sie sehr schnell und meist stark unter dem Angriff. Oftmals zielt dieser darauf ab, die Lebensenergie drastisch zu verringern. Herzchakra, Solarplexus (Magengrube) und Drittes Auge zwischen den Augenbrauen sind bevorzugte Ziele von Schwarzmagiern.

Druck im Kopf - vielleicht haben Sie Dauerkopfschmerzen und sind ständig unter Druck. Wenn Sie das Gefühl haben, nicht mehr klar denken zu können, weil der gesamte Kopf nur noch eine einzige Masse ist und sich anfühlt wie unter einer Trockenhaube oder in einem Schraubstock, kann es sich ebenfalls um einen schwarzmagischen Angriff handeln, bei dem das klare Denken und die Konzentration beeinträchtigt werden sollen.

Plötzlich auftretende Schmerzen und Stiche. Wenn Sie nicht krank sind und solche Schmerzen und Stiche aus heiterem Himmel erfahren, kann es sich um ein Voodoo-Ritual mittels einer Puppe handeln. Mittlerweile kann man in einigen Läden Voodoo-Sets kaufen, die aus kleinen Stroh- oder Stoffpüppchen und Nadeln bestehen. Mit der beigefügten Gebrauchsanweisung ist es nun ein leichtes, jemanden zu ärgern oder ihm ernsthaft zu schaden. Was da so harmlos angepriesen und oftmals wie ein Scherzartikel verkauft wird, ist in Wirklichkeit nichts anderes als schwarze Magie.

Frieren trotz warmer Temperaturen und plötzlicher Energieverlust können ein Hinweis darauf sein, dass sich eine Wesenheit oder ein Schwarzmagier feinstofflich in Ihrer Nähe aufhält, um Sie auszukundschaften. Manche Schwarzmagier sind in der Lage, einem anderen Menschen die ganze Lebensenergie innerhalb kurzer Zeit zu entziehen. Am Ende steht der Tod ohne medizinisch erkennbare Ursache.

Plötzlicher finanzieller Zusammenbruch und **Pechsträhnen** deuten oftmals auf einen schwarzmagischen Einfluss hin. Vor allem, wenn es sich um ein früher gut gehendes Geschäft handelt und es zu plötzlich auftretenden Schwierigkeiten kommt, dürfen Sie an schwarze Magie denken. Auch wenn Menschen ständig von Unfällen, Krankheiten, Kündigungen der Arbeit oder der Wohnung sowie mehrmaligem Verlust der Partnerschaft betroffen sind, kann diese Art der Magie im Spiel sein. Jedoch ist dem nicht immer so, wir müssen die Umstände genau betrachten und dürfen nicht vergessen, dass wir uns häufig auch selbst mit Ängsten und Zweifeln blockieren.

• Okkultismus und spiritistische Sitzungen

Bei spiritistischen Sitzungen, zu denen das sich drehende Tischchen ebenso gehört wie das Gläserrücken oder das automatische Schreiben und andere Praktiken, wird in aller Regel eine verstorbene Seele angerufen und um Antwort auf einige Fragen gebeten. Hierbei ist zu beachten, dass diese Séancen keinesfalls ein harmloser Spaß sind. Häufig werden Geister angerufen, die natürlich auch erscheinen. Da es sich in den meisten Fällen um spirituell nicht sehr hoch entwickelte Menschen handelt, die an einer Séance teilnehmen, erfolgt ein Kontakt ins Jenseits ebenfalls meist nur in den unteren Ebenen. Ein wirklich nützlicher Rat wird daher meist nicht erteilt werden.

Oftmals werden solche herbeigerufenen Geister nicht mit gebührendem Respekt behandelt oder sie fühlen sich nicht genügend respektiert - wehe, wenn jemand lacht und sich lustig macht. Klienten berichteten von Séancen, bei denen der Tisch außer Kontrolle geriet und wild durch das Zimmer schleuderte. Die anwesenden Personen wurden durch mit großer Wucht schleudernde Tische und Stühle bedrängt und verletzt. Hinzu kamen noch herunterfallende Bilder und umstürzende Schränke.

Eine Klientin war sehr verzweifelt, weil es sich nach der Teilnahme an einer Séance mit einem sich bewegenden runden Tischchen, bei der auch viel über den anwesenden Geist gelacht wurde, dreimal innerhalb von fünfzehn Monaten ereignete, dass sich der komplette Inhalt des Swimmingpools in den Keller ergoss, während die Familie außer Haus war. Die Aufbereitungsanlage des Außenschwimmbads befand sich im Keller. Jedes Mal ereignete sich das Missgeschick, wenn die ganze Familie außer Haus war. Es sah nach Sabotage aus, denn ein Kunststoffrohr wirkte wie durchgesägt. Hier waren Geistwesen am Werk, die eindeutig einen Schaden anrichten wollten. Es wird vermutet, dass es sich um eine Rache handelt für das Auslachen des bei der Séance anwesenden Geistes. Es ist wichtig, dass Geistwesen mit Respekt behandelt und höflich begrüßt und verabschiedet werden. Am besten aber, man nimmt gar nicht erst teil an solchen Sitzungen. Für hochspirituelle Kontakte mit der geistigen Welt, die uns wirklich Nutzen bringen und mit Rat und Tat zur Seite stehen, wenn wir es möchten, gibt es einige zuverlässige seriöse Kontakte.

• Formen schädlicher Fremdenergien

Schädliche Fremdenergien werden üblicherweise in verschiedene Energiequalitäten unterteilt. Es gibt energetische Einflüsse durch Gedanken, durch Hass, Neid oder Missgunst. Daneben können Flüche und Verwünschungen, die Beeinflussung durch schwarze Magie und Voodoo, die Belagerung durch verirrte Seelen sowie Besetzung durch dunkle Energien, die Dämonen, einen schädlichen Einfluss auf das Opfer nehmen.

Wie mir Don Gabriele Amorth sagte und wie es in Giancarlo Padulas "I segreti degli esorcisti" zu lesen steht, wird das Böse von der katholischen Kirche Italiens wie folgt eingeteilt und definiert:

A) Nach der Absicht

- Liebesbeziehungen einleiten oder zerstören; Leiden hervorrufen, sei es physisch, psychisch, wirtschaftlich oder familiär; Beeinflussung von Bindungen, Hindernisse und Behinderungen von Bewegungen und Beziehungen schaffen
- Menschen durch einen Gegenstand, eine Puppe oder ein Foto quälen; Fäulnis und Verwesung schaffen, Dinge verfaulen lassen
- eine diabolische Präsenz im Opfer hervorrufen, um eine echte Besetzung zu schaffen

Nach der Methode

- direkt durch einen Kontakt des Opfers mit einem Trägerobjekt, auf welchem das Böse sitzt; durch Essen und Trinken von beeinflussten Dingen
- indirekt durch Handlungen an einem Gegenstand, der das Opfer darstellt (durch Transfer auf Distanz)

Nach der Vorgehensweise

- durch Befestigungen und das Quälen mit Nadeln, Nägeln, Hammer, Spitzen, Feuer, Eis etc.
- durch Knotungen und Bindungen mit Schnürsenkeln, Knoten, Zügeln, Bändern, Binden, Kreisen etc.
- durch Verwesung und Fäulnis, indem das Objekt oder das symbolische Tier nach der Verhexung in der Erde vergraben wird
- durch direktes Verfluchen einer Person, eines Fotos oder Symbols, das für diese Person steht
- durch satanische Riten während eines Satanskultes oder einer Satansmesse, die stattfindet, um jemandem zu schaden

Nach dem Mittel

- mit Zauber durch Puppen oder Fleisch, mit Nadeln, Knochen von Verstorbenen, Blut, Fröschen, Hühnern etc.
- mit verfluchten Objekten wie Geschenken, Pflanzen, Kissen, Puppen, Bändern, Talismanen etc.
- mit dem bösen Blick, der Berührung der Hände, einer Umarmung etc.
- über das Telefon, sowohl in der Stille als auch durch einen Hauch

B) Auftreten und Symptome

- *am Kopf:* seltsame Schmerzen, Schläge, Verwirrung, mentale und physische Müdigkeit; Schmerzen der Augen, Schlafstörungen, Veränderungen der Persönlichkeit und des Benehmens
- *im Magen:* Verdauungsstörungen, Schmerzen, Abmagerung, Bulimie, Erbrechen, Übelkeit, die vom Magenpförtner zur Kehle und in den Kopf aufsteigt
- *Abneigung gegen alles Heilige:* Ablehnung religiöser Praktiken, Müdigkeit und Gähnen während des Gebets, es kostet Mühe, in der Kirche zu bleiben, Übelkeit, Ohnmacht
- *Gesundheitliche Störungen* ohne entsprechende Erklärung; Therapien, die nicht anschlagen
- *Psychische Störungen:* Verwirrung, Besetzungen, Gedächtnisverlust, Besorgnis, Ängste, Willenlosigkeit, Konzentrationsschwierigkeiten beim Lernen oder der Arbeit
- *Störungen der Zuneigung und des Befindens:* Nervosität, dauernde Streitigkeiten, grundlose Gefühlskälte oder Leidenschaft, Tendenz zu Depressionen, zur Mutlosigkeit sowie zur Verzweiflung
- *Verhinderung einer Eheschließung*, des Studiums oder der Karriere, Behinderungen im Geschäftsleben, Konkurs, unerklärliche Fehler etc.

- *Anstiftung zum Tod:* Selbstmordversuche, mehrere Unfälle hintereinander, Unglück
- *seltsame Zeichen* wie Nadelstiche, Nägel, Bohrer, Feuer, Eis, Schlangen, Schnüre auf sich spüren etc.
- *seltsame Geräusche und Phänomene im Haus und am Arbeitsplatz:* Schritte, Knacken, Schläge, Schatten, "Anwesenheit", kleine Tiere, platzende Glühbirnen, blockierende Haushaltsgeräte, Türen und Fenster, die sich von alleine öffnen und schließen, Invasionen von Insekten etc.

C) Verursacher

- Okkultisten, Magier, böse Weiber, Hexer, Satanisten, Medien
- *Personen mit Gaben, durch die böse Handlung erfolgt:* Seher, Kartenleger, Sensitive, falsche Pranatherapeuten oder falsche Mystiker

D) Ursachen

- Perverser Wille dessen, der das Böse in Auftrag gibt; Hass, Neid, Eifersucht, Rache etc.,
- *die Fähigkeit dessen, der die Handlung ausführt:* Magier, böses Weib, Hexer, Satanist etc.; eine satanische Handlung, die durch einen speziellen magischen oder satanischen Ritus hervorgerufen wurde,

- ein materielles Instrument, das zum Kontakt zwischen Handelndem und Opfer dient.

- **Besetzung durch dunkle Energien**

Wie Bran Hodapp schreibt, sind wir selbst verantwortlich dafür, welche Wesen oder Besucher sich auf der Erde Einfluss verschaffen, Engel oder Dämonen. Wir sind immer in Resonanz mit irgendwelchen Wesen, die wir durch unsere Gefühle und Gedanken herbeirufen. Sind wir in Resonanz mit den Eigenschaften eines negativen Wesens, hat dieses die Möglichkeit, in das Energiefeld des Menschen einzudringen und sich darin niederzulassen. Es kann schlimmstenfalls mehrere Leben hinweg dort verweilen, auch im Stillen, Verborgenen, ohne aktiv zu werden.

Ein Mensch, der von einem Dämon besetzt ist, kann in einem früheren Leben schwarzmagisch tätig gewesen sein und hat vielleicht einen Pakt mit einem Wesen geschlossen. Solche Verträge, die sowohl schriftlich mit Blut geschrieben als auch mündlich geschlossen werden können, verschaffen den Personen oft finanzielle Vorteile oder eine gewisse Machtposition. Der Preis dafür ist allerdings sehr hoch, denn in der Regel lassen sich Verbindungen zwischen Dämon und Magier nicht mehr lösen. Unerbittliche harte Arbeit zur Verbesserung und Veredelung des Charakters sind nötig, um davon erlöst zu werden. Absolute

Demut und der Dienst am Nächsten gehören ebenso dazu.

Weniger dramatisch sind dämonische Besetzungen infolge einer schwachen instabilen Aura. Der Dämon hat leichtes Spiel in das Energiefeld einzudringen. Solche Besetzungen lassen sich leichter auflösen als die durch Eid, Schwur oder Pakt geschlossenen. Aber auch dafür gibt es Möglichkeiten, denn in der jetzigen Zeit dürfen und können wir Karma lösen, jedoch immer vorausgesetzt, es ist von Gott gewollt und erlaubt.

Beliebte Opfer von Dämonen sind Alkoholiker und Drogenabhängige. Durch diese Drogen reißt die Aura auf und öffnet sich für negative Besucher. Ein Drogensüchtiger mit Besetzung wird niemals einen erfolgreichen Entzug haben, solange der Dämon ihn beherrscht. Der Dämon nimmt Einfluss auf die Gedanken und die Gefühle und wird bestrebt sein, dadurch die Sucht zusätzlich zu steigern. Auch Epileptiker (Fallsüchtige) haben in aller Regel Dämonen oder verirrte Seelen (Seelen Verstorbener) in ihrer Aura. Bei diesen Menschen ist das Scheitel-Chakra über der Kopfmitte zu weit geöffnet, wodurch Wesenheiten eindringen können. Es kommt auch vor, dass die Dämonen den Körper besetzen und nicht nur die Aura, viele Krebskranke haben einen Dämon im Körper.

Bei den Naturvölkern wird vor der eigentlichen Therapie gegen eine Krankheit der Kranke erst einmal von bösen Geistern gereinigt, denn Dämonen können einen Menschen systematisch zerstören. Wie bereits erwähnt, bemerkt man bei dämonisch besetzten Personen meist eine Zunahme an Aggression, aber auch Ängste, Depressionen, Pechsträhnen, Unfälle, innerer Zwang, Dinge zu tun oder zu sagen, die man eigentlich nicht möchte, innere Stimmen sowie Schmerzen ohne Grund bis hin zu schweren Krankheiten kommen vor.

Dunkle oder negative Energien sind solche, die entweder der dunklen Seite zuzuordnen sind oder aber es handelt sich um verstorbene Seelen, die auf Rache und Hass sinnen. Diese Seelen heißen Besetzer und verursachen eine Besetzung. Sie sind immer darauf aus, dem besetzten Menschen Schaden zuzufügen. Häufig kamen sie schon im Leben nicht gut mit diesen Personen aus. Besetzer schüren die Zwietracht, ihr Ziel ist es, Hass und Trennung zu säen. Sie verführen Menschen dazu, böse Dinge zu tun und sie haben besonders leichtes Spiel mit Personen, die charakterlich instabil oder noch nicht gefestigt sind und bevorzugen Jugendliche. Aber auch erwachsene Menschen sind nicht sicher vor einer Obsession oder Besetzung.

Insbesondere muss an dieser Stelle nachdrücklich davor gewarnt werden - und ich hoffe, dass möglichst viele Jugendliche gerade dieses Kapitel lesen oder über den Inhalt informiert werden -, dass junge Leute an okkulten Handlungen, spiritistischen Sitzungen oder gar an schwarzen Messen teilnehmen. Jede Handlung, bei der die dunklen Mächte angerufen oder gar verehrt werden, öffnet einer ernsthaften Besetzung Tür und Tor. Viele Menschen sind sich dessen gar nicht bewusst, dass schon das Tragen oder Aufzeichnen des satanischen Pentagramms oder der Gebrauch des Satanskreuzes sowie die Anrufung des Fürsten der Dunkelheit genügen, um diese dunklen Energien anzuziehen. Wehe der Geister, die ich rief!

Im Frühjahr 2002 rief mich eine junge Frau aus Berlin an und berichtete mir von ihrem Leben. Ihr bisheriges Leben war eine einzige Katastrophe, so sagte sie mir, alle Freunde seien verstorben, jeder Partner habe sich von ihr getrennt, sie musste mehrmals den Job wechseln, war ständig krank und unpässlich, litt unter diffusen Schmerzen und seit Jahren unter migräneartigen Kopfschmerzen. Ihr wurde immer wieder die Wohnung gekündigt, immer gerade dann, wenn sie sich gut eingelebt hatte und es ihr dort gefiel. Auch hatte sie bereits zahlreiche Autounfälle und Pannen hinter sich. Sie sagte mir, dass sie ihr Leben satt habe und endlich eine Lösung und Hilfe suche. Alles, was sie bisher versucht habe, habe ihr nicht helfen können. Was war geschehen?

Als Teenager war sie aus Neugierde mit ihrer Clique mitgegangen zu einer schwarzen Messe mit satanischen Riten. Dabei hatte auch sie die dunklen Mächte angerufen und herbeigebeten. Seit diesem Abend änderte sich ihr Leben komplett und wurde ein einziges Fiasko. Mehr als fünfzehn Jahre litt diese Frau unter den Folgen. Sie berichtete mir von dem aktuellsten traumatischen Erlebnis, das sich wirklich unglaublich anhört: Eines Nachmittags ruht sie sich auf der Couch in ihrem Wohnzimmer aus, als sie hört, dass sich ihre Wohnungstür öffnet. Sie spürt sogar einen kühlen Hauch und will aufstehen. Zu ihrer Wohnung, die sie alleine bewohnt, hat niemand einen Schlüssel.

Als sie sich bewegen will, um nachzusehen, wer hereingekommen ist, kann sie sich nicht mehr bewegen. Sie spürt eine Lähmung, die den ganzen Körper erfasst hat. Sie kann sich nicht bewegen, weder Arme noch Beine, ihre Augen sind gelähmt, sie schafft es nicht, zu sprechen oder den Kopf zu drehen. Nichts geht mehr und Panik ergreift sie. Nach ein paar Minuten oder vielleicht auch nur Sekunden, hört sie die Tür ins Schloss schnappen. Sie versucht, sich zu bewegen und es gelingt ihr, aufzustehen. Die Lähmung ist so rasch verschwunden wie sie gekommen ist. Als sie in die Diele geht, findet sie dort eine fremde Tasche auf dem Fußboden, die irgendjemand dort abgestellt haben muss, als sie gelähmt war. Sie kennt diese Tasche nicht und hat keinerlei Erklärung für den Vorfall. Also, ich gestehe, dass mir diese Erzählung eine tüchtige Gänsehaut verursacht hat.

Tatsächlich gibt es aber auch Menschen, die sich wie in Goethes Faust dem Teufel verschreiben, um gewisse Vorteile zu haben. So erzählte mir eine Betroffene, dass sie vor einigen Jahren unter starker finanzieller Anspannung lebte und aus der Verzweiflung heraus tatsächlich den Satan um Hilfe und Beistand gebeten hatte. Im Gegenzug könne er ihre Seele haben, er solle nur dafür sorgen, dass sie genügend Einnahmen erwirtschaften könne. Viele Jahre ging es ihr auch richtig gut, sie hatte sehr viel zu tun und konnte in Wohlstand leben. Eine Sache sei ihr aber immer aufgefallen und nur ihr persönlich: Sie nahm stets einen unangenehmen Geruch wahr – nur sie alleine, niemand sonst. Außerdem betätigte sie sich als Medium und hörte durch einen Weltempfänger verschiedene Stimmen aus dem Jenseits. Diese Stimmen hatten Informationen für sie, aber keine nützlichen und liebevollen. Teilweise sprachen diese Stimmen auch in fremden Sprachen oder mischten verschiedene Sprachen in einem Satz. Wenn sie den Text übersetzen ließ, handelte es sich durchaus um realitätsbezogene Aussagen, die Nachprüfungen standhielten, aber die Stimmen waren unflätig und bedrohlich in der Ausdrucksweise. Die Aussagen enthielten zudem häufig Drohungen.

Das Ganze ging so weit, dass sie sogar Stimmen aus ihrem Fernsehgerät hörte, auch wenn es ausgeschaltet war. Außerdem gab es Spukerscheinungen in ihrer Wohnung und immer wieder bedrohliche Aussagen und

Warnungen von widerlich klingenden Stimmen. Besonders gravierend aber ist die Tatsache, dass die Mutter dieser Frau während des mehrtägigen Sterbevorgangs von dunklen bösen Wesenheiten belästigt wurde und schließlich auch eine Besetzung der Sterbenden stattgefunden hat, der die Tochter hilflos zusehen musste. Sie sagte, es sei widerlich gewesen, welche Ausdrücke die sterbende Mutter gebraucht hätte und wie sie sich gebärdete, völlig untypisch für eine ansonsten gebildete und feine Frau. Es blieb bis zum Abschluss einiger Analysen, die noch durchzuführen waren, zu befürchten, dass die verstorbene Mutter vorläufig durch die Besetzung auf einer niederen astralen Ebene angekommen war.

Einige Tage nach jenem Telefonat mit der Tochter erhielt ich ein Foto der verstorbenen Mutter und konnte die entsprechenden Tests durchführen. Es ist tatsächlich so, dass die Verstorbene während des Sterbens von Wesenheiten belagert und besetzt wurde und ihre Besetzer ins Jenseits mitgenommen hat. Aufgrund ihrer Geburtsdaten erklärt es sich, dass sie sich wegen ihrer karmischen Vergangenheit mit dunklen Kräften beschäftigen und auseinander setzen musste und wollte, das aber zu Lebzeiten nie willentlich getan hat. Während des Sterbevorgangs hat sie sich dann aber doch darauf eingelassen und derartige Kräfte waren ja durch die Aktivitäten der Tochter im Haus anwesend und warteten förmlich auf eine Aufforderung.

Fakt ist auch, dass die Verstorbene sich jetzt in der jenseitigen Welt mit diesen dunklen Kräften auseinander setzen wird. Die Seele mit all ihren Erfahrungen bleibt von dem Wechsel in den Tod unberührt und hat auch dort eine Aufgabe zu bewältigen, das heißt, sie entwickelt sich auch dort weiter. Jedenfalls war es mir in diesem konkreten Fall nicht erlaubt (von der geistigen Welt), ein Clearing zu machen. Die verstorbene Seele wünscht die Auseinandersetzung mit der dunklen Seite und muss ihre eigenen Erfahrungen machen, um dann möglicherweise in einer weiteren Inkarnation auf der Erde diese zu leben. Es wurde mir aber gestattet, ihr Heilenergie zu senden und auch für sie zu beten.

Auch hier wird wieder einmal bestätigt, dass immer und in jedem Fall das Resonanzgesetz gilt und wir das anziehen, was wir aussenden. Es gelten immer Ursache und Wirkung. Wir verkennen oft andere Menschen und schätzen sie so oder so ein, aber tatsächlich wissen wir meistens nichts von ihren früheren Leben, von ihren Wünschen und von dem Auftrag, den jede Seele hier auf der Erde hat. Wichtig ist, dass wir es so hinnehmen, ohne zu urteilen und in jedem Menschen den göttlichen Kern erkennen. Wir sind göttlicher Natur und hier auf der Erde, um uns selbst zu erfahren. Ich halte es für einen Trugschluss, dass wir im Jenseits sogleich eine Art Paradies antreffen, ich glaube vielmehr, dass wir losgelöst von unserem physischen Körper und dem Verstand, der uns permanent bindet und Ängste erschafft, auch als Verstorbene an unserer spirituellen Entwicklung weiterarbeiten dürfen und zu erstaunlichen und hilfreichen Erkenntnissen gelangen, die wir in der nächsten Inkarnation auf der Erde umsetzen können.

Die Dame berichtete mir später, dass sie es für sich geschafft habe, sich von den bösartigen Wesenheiten zu befreien. Es hat mich sehr gefreut, als ich sie sagen hörte, das sei nur durch die intensive Hinwendung zu Gott geschehen und durch ehrliche Gebete aus tiefstem Herzen. Früher durchgeführte Hausreinigungen und Segnungen durch verschiedene Pfarrer hatten zu keinem Erfolg geführt. Ich kann ihr nur beipflichten und jeden anderen Menschen ermuntern zu beten. Aber es darf nicht bei einem Lippenbekenntnis bleiben, Gebete müssen - sollen sie die göttlichen Helfer erreichen und Hilfe bringen - aus tiefstem Herzen gesprochen werden, in großer Demut.

Die verbleibenden Spukerscheinungen im Haus erklärten sich allerdings mit einer großen Anzahl verstorbener Seelen, die sich dort recht wohl fühlten. Ich hatte ein paar Tage zu tun, um sie alle davon zu überzeugen, dass sie ins Licht gehen dürften, wo sie bereits liebevoll erwartet wurden. Heute ist auch dieses Haus frei von armen Seelen und dämonischen Kräften.

Es kommt auch vor, dass Tiere eine Besetzung haben. Giancarlo Padula schreibt davon in dem bereits erwähnten Buch "I segreti degli esorcisti". Er nennt mehrere Beispiele, unter anderem schreibt er von einem Bauernhof mit dreißig Hühnern. Eines Morgens kommt der Bauer in den Hof und bemerkt, dass alle seine Hühner verbogene Beine haben und nicht mehr laufen können. Seine Katze, die normalerweise sehr lieb und verschmust ist, wird plötzlich ohne ersichtlichen Grund bösartig und wütend, springt auf den Hausherrn, kratzt und beißt ihn. Die Ehefrau fühlt sich häufig wie angebunden und meint zu ersticken, dabei kann sie sich nicht bewegen (gleiches ist der Dame aus Berlin passiert). Bei derartigen Phänomenen ist ein Clearing (Exorzismus) des Hauses und des Anwesens angezeigt.

Also, dunkle Kräfte sind immer da und stehen parat, eine Lücke zu füllen. Sie bedürfen keiner Einladung, sie werden nicht herbeigerufen. Sie spüren unsere Resonanz und Bereitschaft, mit ihnen in Kontakt zu treten. Sie setzen unserem innersten Wesen einen Spiegel vor. Das Böse hat ein eigenes Wesen, es besitzt Macht. Menschen, die von dunklen Kräften besessen sind, spüren das. Es stimmt etwas nicht, sie leiden körperliche und seelische Qualen. Oft sind sie einsam, sie haben unerträgliche Angst, die sich auch in Wut äußern kann. Die Seele schreit vor Einsamkeit, Ohnmacht und Angst, sie ist getrennt von der göttlichen Quelle.

Zusammenfassend möchte ich nun noch einmal aufführen, welche Merkmale auf dunkle Kräfte hinweisen:

- ungutes Gefühl in der Magengegend, evtl. wie ein Boxen in den Bauch;
- Energieabfall, starke Müdigkeit;
- sich gedrängt fühlen, hetzen, große Unruhe;
- Gefühl der Sinnlosigkeit und Leere;
- Angst, Niedergeschlagenheit;
- gesundheitliche Störungen;
- Aufruf zu Handlungen, die zerstören, verletzen, betrügen, töten;
- Geräusche, Knacken, Schläge, oftmals in einer Hausecke oder einem Möbelstück;
- sich von alleine öffnende und schließende Türen und Fenster, Schritte, Objekte, die erscheinen und verschwinden;
- der Eindruck, dass jemand anwesend sei, sich gefesselt fühlen, als sei jemand im Zimmer, als würde einen jemand berühren oder sich seitlich aufs Bett setzen;
- der Eindruck als würden Tiere durch das Haus laufen, oftmals mit Spuren wie Kratzer auf den Laken; plötzliches Auftauchen von unangenehmen

Gerüchen wie Schwefel, Verbranntes, Kot, verwesendes Fleisch;

- Invasionen von Insekten, die weder mit Insektenvernichtern noch mit anderen Mitteln zu beseitigen sind, nicht einmal mit der Erneuerung des Fußbodens oder des Wandputzes;
- Glühbirnen, die ständig zerplatzen, Haushaltsgeräte, die plötzlich nicht mehr funktionieren und einen Defekt haben, spezielle Geräusche im Telefon oder im Fernsehgerät; Einschalten von Geräten, ohne dass sie berührt worden sind;
- körperliche Störungen bei Personen: Schlaflosigkeit, Albträume, Kopfschmerzen, Magenschmerzen, allgemeine Übelkeit, Konzentrationsmangel, Arbeitsunfähigkeit. Unpässlichkeiten, die bei Umzug in eine andere Wohnung verschwinden.

• Beeinflussung und Besetzung durch Verstorbene

Auch Verstorbene können Einfluss auf uns nehmen. Nach dem Tod eines Menschen trennt sich der feinstoffliche Körper vom materiellen Körper, was etwa drei Tag dauert. Dabei wird die Silberschnur durchtrennt, die den feinstofflichen an den physischen, fleischlichen Körper bindet und verhindert, dass der Astralkörper während einer Astralreise in tiefem Schlaf nicht mehr zurückfindet. (Wenn wir im Schlaf zusammenzucken und das hat wohl schon jeder von uns erlebt, handelt es sich meist um eine zu schnelle Rückkehr des feinstofflichen in den fleischlichen Körper.)

Verstorbene Seelen werden nun von bereits verstorbenen Verwandten oder von Lichtwesen abgeholt. In der jenseitigen Welt gibt es verschiedene Ebenen mit unterschiedlichen Frequenzen. War eine Seele auf der Erde rein materiell eingestellt, gelangt sie auf eine träge Schwingungsebene, wo sie so lange verbleibt, bis sie sich wieder inkarniert. Eine Seele, die sehr viel an sich gearbeitet hat und immer mit Gott in Verbindung stand, gelangt nach dem Hinüberwechseln ins Jenseits auf eine Ebene mit hoher Frequenz und wird dort weiter geschult, möglicherweise erhält sie auch Aufgaben.

Es gibt viele Seelen, die sich nach ihrem Tod nicht von der Erde lösen können. Die Helfer der geistigen Welt achten und respektieren den freien Willen der Seelen, genauso wie den der Menschen. Will eine Seele demnach nicht mit den Engeln mitgehen, wird sie nicht dazu gezwungen.

Meist handelt es sich um so genannte arme Seelen, das heißt es handelt sich um die Seelen von Menschen, die einen plötzlichen und unerwarteten Tod gestorben sind oder es sind die Seelen von Menschen, die ihren Tod noch nicht realisiert haben. Der Tod kam zu unerwartet, was immer der Fall ist bei einem gewaltsamen

Tod durch Mord oder einen Unfall. Auch auf den Schlachtfeldern und Kriegsschauplätzen wimmelt es von den Seelen der Gefallenen.

Aber auch Menschen, die noch nicht bereit waren zu gehen und diese Ebene zu verlassen oder die sich noch verpflichtet fühlen zu bleiben, vielleicht um einem Angehörigen zu helfen, bleiben oft erdgebunden. Häufig bleibt die Seele der Oma, um dem Enkelkind zu helfen und es zu beschützen. Leider erkennt eine verstorbene Seele nicht, dass sie auf diese Weise keine Hilfe ist. Vielmehr kostet sie die Hinterbliebenen Energie und damit Kraft und stiftet Verwirrung und Unruhe.

Sehr viele verirrte Seelen haben ein eher materiell orientiertes Leben geführt und können auch nach ihrem Tod nicht loslassen. Sie wollen ihre Besitztümer nicht alleine lassen. Oft bleiben sie in ihrem Haus und akzeptieren nicht, dass dort jetzt andere Menschen leben. Sie bleiben in ihrem ehemaligen Besitz und versuchen häufig, die neuen Besitzer und Bewohner von dort zu vertreiben, meist durch einen Spuk. Wir sprechen dann von Spuk- oder Poltergeistern, die es in ganz vielen alten Gemäuern gibt. Besonders häufig scheinen sie in England und Schottland vorzukommen, aber auch bei uns sind sie nicht selten.

Eine Spezies von Seelen, die ebenfalls erdgebunden bleiben, sind diejenigen, die Rache üben wollen nach ihrem Tod. Sie bleiben bewusst hier, um Schaden anzurichten, weil sie voller Hass sind. Ich zähle sie zu den "dunklen negativen Energien".

Eine Seele, die sich noch in Erdnähe aufhält und Energie abzapft, macht auf sich aufmerksam, spätestens dann, wenn sie sich weiterentwickeln möchte. Das aber ist nur im Jenseits möglich. Also "dockt" sie an anderen Personen an und ernährt sich - wie wir bereits erfahren haben - von deren Energie. Oft bemerken diese Energiespender noch nicht einmal, dass sie zwei Seelen ernähren. Manchmal aber fühlen sie sich schlapp, sind ausgelaugt und müde, haben zu nichts Lust, oft werden sie krank. Wenn Sie solche Symptome kennen und medizinische Untersuchungen keine konkreten Hinweise auf eine Ursache liefern, könnten verirrte Seelen im Spiel sein. Das kann man austesten.

Viele dieser armen Seelen machen jedoch vehement auf sich aufmerksam. Dann nennt man sie Poltergeister. Sie klopfen, sie lassen Türen zuschlagen, sie schalten Licht ein und aus, bringen Glühbirnen zum Platzen, sie treiben Schabernack und verstecken Dinge. Bei einer Familie zum Beispiel fehlten eines Tages Wäschestücke, sie verschwanden aus dem Wäschekorb und tauchten dann zusammengeknüllt im Schrank auf. An einem anderen Tag verfärbte sich die Wäsche in der Waschmaschine blutrot, obwohl kein einziges rotes Teil mitgewaschen wurde. Einmal fiel in der Küche dieses Hauses eine Schublade auf den Boden, ohne dass jemand in der Küche anwesend war und sich daran zu schaffen gemacht hätte.

In einem anderen Haus, einem alten Pfarrhaus, in dem vor zwei Jahrhunderten merkwürdige Dinge geschehen waren und es zu Gewaltakten gekommen war, schalteten die dort im Keller wohnenden Seelen das Licht an uns aus, ganz nach Belieben. Es war immer ein kühler Windhauch dort unten zu spüren.

Bei einer Familie in Westerwald handelte es sich um mindestens fünfzig arme Seelen, die sich unter der Bodenplatte, also unter dem Fundament aufhielten. Sie waren am Ort ihres Todes geblieben und wollten Sühne. Vor 500 Jahren wurde im Rahmen der Heiligen Inquisition ein ganzes Dorf ausgerottet, einige Bewohner wollten in den Nachbarort flüchten, wurden aber am Waldrand gefasst und hingemetzelt. Auf diesem Gelände ist heute ein Neubaugebiet ausgewiesen. Es ist lediglich der sensitiven Klientin zu verdanken, dass das überhaupt bemerkt wurde.

Die Seelen konnten alle überzeugt werden, sich erlösen und abholen zu lassen. Es dauerte ein wenig und verlangte auch Überzeugungskraft, denn einige beharrten auf der Sühne ihres Todes. Letztendlich sind sie aber alle gegangen. Somit ist beiden Seiten gedient: Die Hausbewohner fühlen sich nicht mehr belästigt, fühlen sich nicht mehr beobachtet und spüren nicht mehr die ständige Präsenz von Kühle. Die armen Seelen ihrerseits dürfen sich nun in der jenseitigen Welt weiterentwickeln und sind erlöst. Das ist ganz wichtig, dass wir nicht nur an die Befreiung der Lebenden denken, sondern auch an die Erlösung der Verstorbenen. Übrigens hatte diese große Anzahl von Seelen die Energiereserven der Familie ganz enorm reduziert und vor allem die Frau des Hauses geschädigt. Sie war schwer erkrankt und hofft nun, nach dem Hausclearing, sich gut zu erholen.

Auch kommt es vor, dass ein Mensch in seiner Todesstunde, wenn das gesamte Leben nochmals wie ein Film abläuft und er erkennen darf, was gut und weniger in Ordnung war, sich seiner Taten oder Unterlassungen schämt und sich nicht abholen lässt, um ins Licht und die Erlösung zu gehen.

Einen solchen Fall hatte ich bei der Besetzung eines Kindes kennen gelernt. Bei einem siebenjährigen Jungen war es nach einer Beinoperation zu einer starken Veränderung seines Wesens gekommen. Er war sehr aggressiv gegenüber seinen Eltern und Geschwistern, schlug grundlos um sich, auch direkt ins Gesicht. Außerdem veränderte er sich physisch, seine Augen waren ständig rot unterlaufen, er hatte tiefe Schatten unter den Augen, aß nur noch wenig und zerbiss seine Hände, bis sie bluteten. Auch nagte er ständig an seinen Lippen und bot ein fürchterliches Bild der Selbstzerstörung. Dieser Zustand dauerte anderthalb Jahre an, in denen die

Eltern ihn von Arzt zu Arzt begleiteten und sie sich immer wieder anhören mussten, dass sie sich das doch wohl einbildeten.

Dem Jungen fehle nichts, er sei gesund, aber wohl etwas überspannt. Nach achtzehn Monaten also stellte ich bei dem Jungen eine Besetzung durch die Seele eines Mörders fest. Diese Seele schämte sich sehr ihrer Taten und hatte sich nach ihrem Tod nicht ins Licht abholen lassen. Sie hatte sich zum Ziel gesetzt, sich selbst zu bestrafen und zu zerstören. Die Bissattacken des Jungen auf seine Hände und Lippen sowie die Weigerung zu essen gehörten zu der Taktik der verirrten Seele. Sehr wahrscheinlich ist dieser Mörder auch in dem gleichen Krankenhaus verstorben, möglicherweise zu derselben Zeit, als der kleine Junge operiert wurde. Das Clearing erforderte drei volle Nächte, tagsüber war mit dem Kind nicht zu arbeiten. Es konnte am besten in der Nacht während des Schlafs geschehen.

Ich nahm mit der fremden Seele des Mörders Kontakt auf und habe ihn davon überzeugen können, dass er gestorben sei und sich nur im Licht weiterentwickeln könne. Er brauche sich nicht zu schämen, denn er sei geliebt und die Helferengel würden ihn abholen. Wie gesagt, war er nicht so schnell zu überzeugen, es dauerte eine Weile bis er ins Licht ging und den Jungen verließ. Die fremde Seele konnte nur deshalb von dem Jungen Besitz ergreifen, weil er eine schwache, durchlässige Aura hatte. Der Junge ist seit Geburt behindert und ein sehr zartes Kind. Wie bereits erwähnt, ist während einer Narkose, im Zustand des Schocks oder der Bewusstlosigkeit unsere Astralmatrize gelockert. Das bedeutet, dass die Verbindung der verschiedenen Körper der Aura zum physischen materiellen Körper gelöst und damit weniger stabil ist. In diesem Zustand ist es möglich, dass sich andere Wesenheiten und Seelen angezogen fühlen.

Immer dann, wenn eine Seele in Erdnähe bleibt, ist ihre Weiterentwicklung so lange behindert, bis sie erlöst wird. Das kann oft sehr, sehr lange dauern, zum Teil sogar viele Jahrhunderte. Übrigens bleiben in der Regel die Seelen an dem Ort, an dem sie gelebt haben oder bei den Personen, die ihnen zu Lebzeiten besonders viel bedeutet haben.

Hierzu gibt es ein sehr aktuelles Beispiel aus meiner Heimatstadt: Ein Mann war nach längerem Krebsleiden, das ihn völlig aufzehrte, verstorben. Er hinterließ eine sehr viel jüngere Frau und zwei kleine Kinder. Zu einem seiner Freunde hatte er gemeint, er würde sich nach seinem Tod bei ihm durch Zeichen melden. Der Freund hatte das für einen Scherz gehalten, tatsächlich aber geschehen sowohl im Haus der Familie als auch bei besagtem Freund immer noch höchst eigenartige Dinge. Im Wohnhaus gehen die Lampen an, ohne dass sie jemand einschaltet und sie lassen sich nicht durch das Betätigen des Lichtschalters löschen. Bei dem Freund öffnen sich Türen an diversen Schränken von allein und werden diese durch davor platzierte Gegenstände blockiert, sind diese Gegenstände entweder beiseite geschoben oder sie liegen auf dem Boden. Die Schranktüren stehen jedenfalls wieder offen. Auch in diesem Fall sollte auf kurz oder lang ein Clearing erfolgen, um den Angehörigen und Freunden Ruhe zu verschaffen, aber vor allem auch, um die erdgebundene Seele in die Erlösung zu schicken, damit in der jenseitigen Welt nunmehr die entsprechende Heilung stattfinden kann.

Ein anderer Fall von Belagerung durch verstorbene Seelen trug sich in einer Wohnung eines Mehrfamilienhauses zu, in der vor Jahren ein älterer Herr verstarb. Eine neue Mieterin zog in diese Wohnung ein und fühlte sich von Anfang an nicht sonderlich wohl in ihrer neuen Bleibe. Wie sie mir berichtete, fing eines Morgens ein Metallregal im Badezimmer dermaßen an zu vibrieren, dass alle Parfumflaschen darauf umfielen. Es war, als würde die Erde beben, sagte sie. Sie hat mit aller Kraft das Regal festhalten müssen, damit es nicht umkippte. Fast gleichzeitig hörte sie, wie im Flur etwas zu Boden fiel. Es handelte sich um ein Bastkörbchen mit Deckel, das hinter dem Telefon in einer Ecke des Dielenschrankes stand. Eigentlich war es nicht möglich, dass dieses Körbchen herunterfallen konnte, es war sozusagen eingeklemmt zwischen Telefon und

Möbelecke. Alle Gegenstände waren auf dem Dielenboden zerstreut. Die junge Frau machte sich also daran, die Sachen aufzuheben, als sie aus dem Badezimmer ihre Spieluhr hörte. Wie sie mir zeigte, braucht es etwas Kraft, diese Spieluhr aufzuziehen. Sie kann sich also unmöglich von allein in Gang gesetzt haben. Auch hierbei handelt es um einen "Hilferuf" einer armen Seele, die ihre Befreiung wünschte. Das Clearing war dann auch ziemlich rasch beendet. Die Wesenheiten hielten sich hauptsächlich im Badezimmer, dem Flur und der Küche auf, wanderten noch ein wenig zwischen diesen Räumen hin und her und ließen sich dann ins Licht abholen, um ihre Weiterentwicklung aufzunehmen.

Auch Selbstmörder verlassen oft nicht den Ort ihres tragischen Endes. Sie sind verwirrt darüber, dass sie nun erkennen müssen, dass gar nicht alles zu Ende ist mit dem Tod. Sorgen und Nöte sind geblieben, eine Verbesserung der Situation ist nicht in Sicht. Häuser, in denen sich Menschen umgebracht haben, haben eine besonders drückende Atmosphäre.

Wir haben nun von einigen erdgebunden Seelen gehört, was geschieht nun mit diesen? Bleibt eine Seele hier auf der Erde und geht nicht mit in den Bereich, der ihr zugedacht ist, verliert sie an Lebensenergie. Diese Energie, die zum Leben nötig ist und in Asien Chi, Ki oder Prana heißt, umgibt jeden Menschen. Der

Mensch nimmt ständig diese Energie auf und gibt sie wieder ab, vergleichbar mit der Atmung. Je mehr Energie ein Mensch hat, desto gesünder ist er. Diese Lebensenergie verbessert die seelische Verfassung und steigert die Abwehrkräfte. Die Verstorbenen erkennen bald, dass ihre Energie abnimmt und suchen sich eine Energiequelle zum Anzapfen. So wird die Oma, die eigentlich ihrem Enkel helfen wollte, sich von dessen Lebenskraft ernähren und ihn schwächen. Ein ehemaliger Drogenabhängiger sucht sich seinesgleichen und treibt ihn zu noch mehr Drogenkonsum an. Der Selbstmörder wird vielleicht alles daran setzen, dass die Angebetete, die ihn verschmäht hat, in ihrer Partnerschaft nicht glücklich wird.

Es kommt aber auch vor, dass sich eine verirrte Seele ständig in der Aura, im Energiefeld eines Menschen aufhält. Dann sprechen wir wieder von einer Besetzung oder Belagerung. Manche Menschen sind nur zeitweilig besetzt, andere haben eine ständige Besetzung. Vor einigen Monaten habe ich solch einen bedauernswerten Menschen kennen gelernt. Es war ein älterer Herr, schon beinahe siebzig Jahre alt, sehr gebildet, promoviert und wissenschaftlich tätig. Ein Mann, der sich stets beweisen wollte über Wissen und Bildung und das auch geschafft hat. Er hat sich auch von Jugend an sozial und ehrenamtlich engagiert, ist Organisationen für Menschenrechte und gegen Diskriminierung beigetreten und arbeitet aktiv in sozialen Einrichtungen mit. Wie er mir berichtete, hat er große Furcht, sein Leben nicht genügend nach Gott ausgerichtet zu haben. Er fürchtet sich vor dem Zorn Gottes und glaubt, er hätte noch viel mehr Gutes tun können. Er ist von Selbstzweifeln und Unzufriedenheit geplagt und zermartert sich selbst. Er sprach bereits bei unserem ersten Treffen davon, dass er häufig das Gefühl habe, nicht er selbst zu sein. Manchmal fühle er sich fremdbestimmt und verstehe gar nicht, warum er in der einen oder anderen Art und Weise reagiert.

Er wird von Depressionen und tiefer Traurigkeit geplagt, leidet unter Kontaktängsten und schafft es nicht, sich selbst im Spiegel und anderen Menschen in die Augen zu sehen. Ich sehe ihn vor mir als liebenswerten klugen Mann, der sich selbst nicht erlaubt hat, das Leben in vollen Zügen zu genießen. So bedauert er es auch sehr, niemals geheiratet zu haben. Auch dass er keine Familie hat, verzeiht er sich nicht. Er glaubt, zu feige für diese Verantwortung gewesen zu sein. Der Schlüsselsatz für meine Arbeit war aber derjenige, in dem er betonte, er sei sich selbst fremd und verstehe nicht, dass er so oder so reagiert habe.

Eine genaue Analyse ergab, dass dieser Mann seit frühester Kindheit eine Besetzung hatte. Als Dreijähriger spielte er im Garten seiner Großeltern und tobte umher. Dabei lief er geradewegs in die Harke seines

Großvaters, der diese gerade über dem Kopf ausholte und auf den zu bearbeitenden Boden des Gemüsegartens herabsausen ließ. Der Großvater traf den Jungen mit der Harke mitten auf dem Kopf und fügte ihm eine schwere Schädelverletzung zu. Der alte Mann geriet daraufhin ebenso unter Schock wie das Kind, das in Ohnmacht fiel. Dank guter ärztlicher Versorgung überlebte es diesen Unfall, konnte aber nicht verhindern, dass von da an eine fremde verirrte Seele von ihm Besitz ergriff.

Diese Seele hat meinen Klienten ein ganzes Leben lang beeinflusst, das ist geradezu unglaublich. Niemand hat Argwohn geschöpft, niemand hat so etwas je in Erwägung gezogen. Gott sei Dank leben wir heute in einer Epoche, in der die Menschen offener sind für paranormale Phänomene und darum wissen, dass es verirrte Seelen und negative bösartige Elemente gibt. Daher kann auch viel mehr Menschen geholfen werden. Diese Seele ist wohl keine bösartige gewesen, sonst hätte er viel mehr gelitten und sich noch stärker im Wesen verändert, aber sie hat den Mann über Jahrzehnte hinweg in seiner Vitalität stark reduziert. Er war immer ein schwächliches Kind, seine Konstitution immer zart und anfällig für Infektionen.

Ich durfte ihn mit göttlicher Hilfe von dieser Seele befreien und die Seele in die Erlösung schicken. Es war eine sehr sanfte Arbeit, die sehr schnell in wenigen

Sitzungen erledigt war. Mein Klient spürte sehr deutlich, wie diese fremde Seele widerwillig, aber gehorsam und überzeugt, sein Energiefeld verlassen hat. Er beschrieb dies mit einem kühlen Hauch, den er in den Knochen spürte und der abzufließen schien. Der Klient fühlte sich schon während der Clearings wesentlich vitaler sowie klarer und konnte sich hinterher gut konzentrieren, was ihm immer schwer gefallen war und war recht zuversichtlich. Er hatte zu einer nie gekannten Positivität gefunden und hatte die Furcht vor Bestrafung durch Gott verloren. Ich bin davon überzeugt, dass dieser Mann nicht so lange Jahre mit einer fremden Seele überlebt hätte, wenn er nicht ein sehr gläubiger Mensch gewesen wäre. Das tägliche innige Gebet hat jedes Mal sein Energieniveau gesteigert und ihm Kraft und Schutz gegeben.

Ich bitte Sie herzlich, wenn Sie denken oder wissen, dass eine verirrte Seele bei Ihnen wohnt, so scherzen Sie nicht darüber. Auch das habe ich nach einem meiner Vorträge erlebt, dass sich zwei Damen über ihre Hausgeister unterhielten. Ich hörte die eine sagen: "Ach unser Hausgeist, den nennen wir Hermann. Und wenn er sich bemerkbar macht, dann freuen wir uns, dass Hermann wieder da ist." Armer Hermann, er machte sich doch nur bemerkbar, um erlöst zu werden. Das geschah dann auch gleich ein paar Tage später. Jeder Mensch, der eine verirrte Seele bemerkt oder um ihre

Existenz weiß, sollte sich darum bemühen und alles dafür tun, dass diese arme Seele ins Licht geschickt wird, dass sie in die Erlösung gehen darf. Es ist eine Erlösung für beide Seiten, die Belagerten bleiben in ihrer Energie oder finden zu ihr zurück und die Seele des Verstorbenen darf sich weiterentwickeln. In den befreiten Häusern und Räumlichkeiten ist unmittelbar nach einem Clearing eine Verbesserung der Energie spürbar, es handelt sich um eine sofortige Anhebung der Frequenz.

Während meines mehrwöchigen Aufenthaltes in Rom wurde ich zu der Besichtigung einer leer stehenden Wohnung gebeten. Die Energien, die ich dort antraf waren sehr dumpf und drückend. Ich spürte sofort im Wohnzimmer die Anwesenheit von fremden Seelen. Kalte Schauer liefen mir über den Rücken, besonders als ich mich vor einem bestimmten Sofa aufhielt. Ich fragte nach, wer dort gesessen habe und ob sich ein Todesfall oder Unfall in der Wohnung ereignet habe. Vor einigen Monaten war ein Sohn der Familie bei einem Autounfall, der sich auf einer italienischen Autobahn unter mysteriösen Umständen zugetragen hatte, ums Leben gekommen.

Die Eltern sind verzweifelt und können nicht begreifen, dass der Sohn tot ist. Die Mutter geht jeden Tag zum Friedhof, sie spricht mit dem toten Sohn und einmal im Monat lassen sie in der Kirche eine Messe für ihn lesen. Das bedeutet, dass der junge Mann sehr wahrscheinlich seinen eigenen überraschenden Tod nicht realisiert hat. Hinzu kommt noch, dass die Mutter ihn ständig anruft und ihm sagt, dass sie den Tod nicht verstehen kann. Diese arme Seele wird sehr wahrscheinlich auch in Zukunft nicht ins Licht gehen können, wenn sie immer wieder hier auf der Erde festgehalten wird. Wichtig wäre in diesem Fall, dem Verstorbenen zu sagen, dass er bei einem Unfall tödlich verletzt worden ist und dass er tot ist. Er kann beruhigt ins Licht und in die Erlösung gehen. Die Familie ist versorgt und seine Anwesenheit auf der Erde in der Aura der Familienmitglieder oder in der Wohnung ist nicht nötig und nicht sinnvoll. Wichtig wäre es, für die arme Seele zu beten und für ihre Erlösung zu bitten.

Vor kurzem traf ich eine Frau, die einen meiner Vorträge gehört hatte; sie bat mich um einen Test, ob es sich bei ihr um eine Besetzung handele. Warum fragte sie danach? Vor drei Jahren war ihr jüngerer Bruder verstorben. Er war aufgrund von Drogenkonsum und Alkoholmissbrauch schwer erkrankt und schließlich an Herzversagen sehr plötzlich im Alter von dreiunddreißig Jahren verstorben. Diese Frau, seine Schwester, hat alles für ihn getan, um ihm zu helfen, sie hat ihn unterstützt und war ihm immer nahe, wenn er in ein Tief gelangte und es ihm besonders miserabel ging. Nach dem Tod des Bruders bemerkte diese Klientin, dass sie sich langsam in Charakter und Wesen veränderte. Sie sprach davon, dass sie die Wesenszüge ihres Bruders anzunehmen beginne. Das würde sie doch sehr erschrecken, zumal auch ihrem Ehemann schon aufgefallen sei, wie sehr sie sich verändert habe. Sie reagiere wie ihr Bruder, sie argumentiere wie ihr verstorbener Bruder und mittlerweile habe sie die gleichen Krankheitssymptome wie er. Es bestätigte sich, was sie befürchtet hatte, die Seele oder Seelenanteile ihres Bruders haben sich in ihrer Aura festgesetzt. Möglicherweise weil er sich seines Lebens schämte und die Schwester nicht alleine lassen wollte. Wer weiß? In diesem Fall war die Frau der Meinung, sie käme alleine mit dieser Besetzung und der Seele ihres Bruders zurecht. Sie lehnte ein Clearing ab bzw. war der Meinung, sie könne es alleine schaffen. Leider habe ich nichts mehr von ihr gehört. Ich wünsche ihr viel Glück und Erfolg bei der Befreiung der Seele des Bruders und ihrer eigenen Aura.

Bei einem Clearing, das sich auf verirrte Seelen bezieht, gehe ich ganz sanft vor. Es genügt, mit sehr viel Liebe und Einfühlungsvermögen mit der Seele in Kontakt zu gehen und sie davon zu überzeugen, dass sie verstorben ist und dass diese Dimension für ihre Entwicklung ungeeignet ist. Wichtig bei der Arbeit sind Liebe und eine ganz hohe eigene Schwingung. Nur wer es auf dem Weg der Selbstmeisterung schon weit gebracht hat, ist in der Lage, dunklen Kräften bewusst entgegenzuwirken und sie umzuwandeln. Je weiter sich der Mensch entwickelt, desto besser kann er Erlösungsarbeit leisten. Es ist eine wundervolle Arbeit, das versichere ich Ihnen. Während eines Clearings oder eines Exorzismus befinde ich mich im ständigen Gebet zu Jesus Christus und Gottvater. Ich lasse mir bei der Arbeit von den lichtvollen Kräften der geistigen Welt helfen und sehe mich als deren Werkzeug. Dafür bin ich unendlich dankbar!

Manchmal lösen sich Besetzungen von selbst auf, meist dann, wenn der Verstorbene gefühlsmäßig losgelassen wird. Geben Sie der verirrten Seele liebevoll zu verstehen, dass Sie alleine leben möchten, und dass sie sich im Licht weiterentwickeln darf. Sprechen Sie zu den Verstorbenen, nennen Sie sie beim Namen, wenn Sie wissen, um wen es sich handelt. *"Liebe/r ...., ich achte und ehre dich. Du bist verstorben und ich bitte dich, nach Hause ins Licht und in die Erlösung zu gehen. Ich kann durchaus mein Schicksal selbst und ohne deine Hilfe meistern. Ich bleibe noch hier auf der Erde und folge dir nach, wenn es für mich an der Zeit ist. Ich bedanke mich bei dir."*

Es ist möglich, dass eine Seele nach solchen Ablösungssätzen wirklich ins Licht geht und ihren Frieden findet. Hat sich aber eine Seele in der Aura festgesetzt und mag nicht gehen, dann wird es schwierig und Sie sollten sich besser an einen erfahrenen Helfer wenden.

○ ○ ○

Wahrnehmung fremder Energien

Es ist allgemein bekannt sowie von Physikern, Biologen und anderen Wissenschaftlern erforscht und bestätigt, dass alles, was existiert, eine Form von Energie ist. Energien schwingen in unterschiedlichen Frequenzen und sind daher entweder dicht und sichtbar oder feinstofflich und für uns unsichtbar.

Wir Menschen, jedenfalls die meisten von uns, nehmen lediglich einen winzigen Teil der Energien wahr. Wir sind noch in der Dreidimensionalität verhaftet und meist nicht in der Lage, höher schwingende Energieformen und Wesen zu sehen, zu hören und zu spüren. Allerdings nimmt die Zahl der Menschen zu, die dazu fähig sind. So wie sich der Planet Erde ständig in seiner Frequenz verändert, so verändern sich auch die Menschen und daher ist es kein Zufall, dass wir eine starke esoterische Bewegung auf der Erde feststellen. Durch die Veränderung und das Ansteigen der erdeigenen Frequenz stehen die Menschen unter dem Einfluss dieser neuen höheren Schwingungen und verändern sich. Das geht einher mit einer Erweiterung des Bewusstseins und mehr Offenheit für andere Kulturen und Weisheiten.

Fremde Energien oder Fremdeinflüsse sind die vorsichtigen Begriffe für Energieformen, die nicht zu unserem eigenen Körper gehören. Bekanntlich haben wir nicht nur einen physischen Körper, der aufgrund seiner niedrigen Frequenz sichtbar ist. Jeder Mensch besitzt auch eine so genannte Aura, die aus mehreren feinstofflichen Körpern besteht. Dass wir eine Aura besitzen, merken wir, sobald sich jemand unserem Rücken nähert und wir ein merkwürdiges Gefühl bekommen, dass dort jemand ist.

Häufig haben wir Empfindungen oder Wahrnehmungen außerhalb unseres Körpers, das heißt Empfindungen, die sich nicht auf der körperlichen Ebene abspielen. Zum Beispiel Sympathie oder Antipathie – das sind Sensationen, die sich ebenfalls in der Aura, also auf der feinstofflichen, unsichtbaren Ebene abspielen. Es handelt sich dabei um Frequenzen, die von anderen Personen übertragen und gesendet werden. Nach dem Resonanzgesetz (Gleiches zieht Gleiches an) sind uns Menschen sympathisch, die auf einer gleichen oder ähnlichen Frequenz schwingen. Dagegen spüren wir intuitiv eine Ablehnung gegenüber Personen, die eine deutlich von unserer eigenen Frequenz abweichende Schwingung haben.

Manche Menschen behaupten, sie bemerkten ihren Schutzengel und andere helfende Wesen. Sie sprechen von "sehen", aber auch von der Wahrnehmung einer

Energie, als ob sich etwas über den Kopf stülpe, als ob sie eingehüllt würden in Watte. Sie berichten immer von angenehmen Gefühlen.

Unangenehm hingegen ist es, wenn uns das merkwürdige Gefühl beschleicht, wir seien nicht alleine in einem Raum oder Haus. Es ist nur ein Gefühl, es entbehrt allen anderen Sinneseindrücken. Sie glauben vielleicht, einen kühlen Windhauch gespürt zu haben und erklären ihn sofort mit einem offenen Fenster oder einem Durchzug im Haus. Vielleicht läutet es an der Haustür, aber es steht niemand davor, wenn Sie öffnen. Sie könnten schwören, es habe geklingelt. Vielleicht aber nehmen Sie Phänomene wahr, die nicht logisch zu erklären sind, ein Knarren oder Krachen in Decken oder Schränken, ohne dass Temperaturschwankungen vorliegen. Eventuell verfärbte Wäsche in der Waschmaschine, das Verschwinden von Gegenständen, die an unmöglichen Orten wieder auftauchen, Türen und Schubladen, die auf den Boden krachen, ohne dass jemand sie angefasst hat, können ebenfalls wie Kerzen, die von selbst erlöschen, oder Lampen, die sich von alleine anschalten oder zerplatzen, auf fremde Energien hinweisen.

Manche Seelen kommen zu einer Person, um ihr etwas mitzuteilen, um ihr eine Botschaft zu überbringen. Dabei handelt es sich nicht um eine klassische Besetzung. Es gibt Personen, die in der Lage sind, fremde

Wesenheiten und Seelen zu sehen. Einer meiner Freunde in Süddeutschland wurde einige Monate damit konfrontiert, dass er von einem Tag auf den anderen Wesenheiten in seinem Haus und in anderen Häusern sehen konnte. In der Nacht erwachte er, weil er spürte, dass jemand in seinem Schlafzimmer war. Er sah - zunächst nur die Umrisse - einer männlichen Gestalt, die neben seinem Bett stand. Da er ein furchtloser Mensch ist, fragte er dieses Wesen, was es von ihm wolle. Daraufhin hielt diese Seele ihm etwas entgegen, das er aber nicht erkennen konnte. So geschah es einige Tage hintereinander. Er fragte mich um Rat und begann zu beten, stellte Weihwasser auf und räucherte mit Weihrauch.

Einige Wochen lang war Ruhe im Haus, dann aber kamen diese Gestalten wieder. Immer nur an sein Bett und er war auch der Einzige in der Familie, der sie sehen konnte. Wir stellten fest, dass diese Seelen mit ihm verbunden zu sein schienen. Er bringt auch einige aus anderen Häusern, in denen er arbeitet, mit zu sich nach Hause. Diese Seelen haben eine Botschaft für ihn, inzwischen erkennt er auch die Gesichter und weiß, um wen es sich handelt. Es ist eine alte karmische Geschichte, die er ganz persönlich zu bereinigen hat. Da er ein mental und spirituell sehr starker Mensch ist, setzen sich diese Seelen nicht in seiner Aura fest, beeinträchtigen aber die Kinder und die Ehefrau in deren Vitalität. Somit sind wir doch wieder beim Clearing gelandet.

Er hat schließlich erkannt, was es für ihn zu tun gibt und die verirrten Seelen wurden von mir ins Licht geschickt, abgeholt von den himmlischen Helfern.

Kennen Sie Menschen, die sich plötzlich von Charakter und Wesen verändert haben, Kinder, die sich nach einer Operation oder Gehirnerschütterung anders benehmen als zuvor? Haben Sie schon davon gehört, dass es Menschen gibt, denen nichts, aber auch gar nichts im Leben gelingt? Ist Ihnen bekannt, dass bei manchen Patienten überhaupt keine Therapieform anschlägt?

All dies sind möglicherweise Hinweise auf den Einfluss fremder Energien, wobei zunächst nicht zwischen gutartigen und schädlichen Energien unterschieden wird. Als fremde Energien bezeichnen wir erst einmal alle Energien, die nicht unmittelbar zu der eigenen Person gehören, also kein Bestandteil des eigenen Energiefeldes sind.

○ ○ ○

Befreiung von negativen Energien

• Befreiung und Exorzismus

Ich habe bei einer Klientin ein Clearing, man kann es auch Exorzismus (Dämonenaustreibung) nennen, auf Distanz gemacht, wie ich es häufig tue, wenn die Klienten weit entfernt wohnen oder meine Anwesenheit bei einigen Familienmitgliedern oder Partnern

Fragen auslösen würde. Es entscheidet immer der Klient selbst, ob ich die Befreiung von den negativen Energien vor Ort oder auf Distanz durchführen soll. Bei dieser Dame aus Berlin (*vgl. S. 93) einigten wir uns auf ein Fern-Clearing. Es stellte sich heraus, dass sie eine handfeste Besetzung durch Lilith, eine der vier Satansbräute hatte. Diese Wesenheit hat nichts anderes im Sinn, als der besetzten Person zu schaden und sie in den Ruin zu reiben, sei es finanziell, gesundheitlich oder geistig. Dass das nach so vielen Jahren noch nicht geschehen war, hatte die Frau nur ihren Gebeten und ihren Helferengeln zu verdanken. Das Clearing verlief in mehreren Sitzungen, bei denen wir vorher telefonierten, um uns über eine Zeit zu verständigen. Sie legte sich dann hin und betete, um meine Arbeit zu unterstützen. Die dunkle Energie verließ recht bald meine Kundin. Wir spürten jedes Mal eine unangenehme Kühle, wenn sich wieder Teile der Wesenheit aus der Aura verabschiedeten.

Die Klientin brauchte eine Weile, um sich an ein angstfreies Leben zu gewöhnen. Es ist auch möglich, dass es auch bei einem Clearing zunächst einmal - nach der ersten Sitzung - zu einer Verschlimmerung der Symptome kommen kann. Das ist einmal eine Reaktion der Wesenheit auf die Austreibung und gleichzeitig eine Heilreaktion des Körpers. Ganz besonders aber sei darauf hingewiesen, dass eine Änderung der

Lebensweise und Denkart stattfinden muss, damit nicht wieder negative Energien angezogen werden. Ein Clearing oder ein Exorzismus sind keine Garantie dafür, dass nicht wieder eine dunkle Energie Besitz ergreift von einer Person.

Nach einem Clearing, der Befreiung von schädlichen oder negativen Energien, ist es nicht mehr wichtig, zu wissen, woher die negativen Energien kamen. Man sollte keine Aufmerksamkeit mehr auf das Problem lenken, es würde sonst wieder genährt werden. Wo die Aufmerksamkeit ist, dahin fließt die Energie!

Es gilt auch hier das Resonanzgesetz: Was ich säe, werde ich ernten. Die Wirkung auf das, was sie mit ihrer Teilnahme am Satanskult verursacht hatte, bekam sie sehr deutlich und auf höchst unangenehme, ja sogar gefährliche Art und Weise zu spüren. Es muss deutlich gesagt werden: Nehmen Sie niemals an okkulten Praktiken teil, auch wenn sie als noch so harmlos dargestellt werden. Und schon gar nicht an schwarzen Messen und satanischen Riten. Eltern sollten auch darauf achten, welche Bilder und Poster bei den Kindern im Zimmer hängen, welche Symbole darauf zu sehen sind. Hinweise auf okkulte Praktiken geben möglicherweise auch die Kleider Ihrer Kinder. Werden Sie vorsichtig, falls die bevorzugte Farbe der Kleidung, der Bettwäsche und der Accessoires Schwarz ist. Satansanhänger schminken sich oft bleich und bemalen sich mit Blitzen, dem auf der Spitze stehenden Pentagramm und hören entsprechende Musik. Fragen Sie unbedingt beim Sektenbeauftragten der (Kirchen-) Gemeinde nach.

»Sobald der Mensch die Verbindung mit dem Oberen,
das die Liebe und Weisheit ist, abbricht,
so gibt es eine Hölle; sie mag nur hier oder dort sein.«
(August Strindberg)

Es gibt im Exorzismus eine große Anzahl von Vorgehensweisen. Es wirkt jedoch nicht alleine das Ritual oder die angewandte Methode, sondern es kommt in erster Linie auf die Stärke und Autorität des Exorzisten an, die zu einem positiven Ergebnis führt. An dieser Stelle möchte ich betonen, dass mir die Exorzisten Roms physisch nicht besonders stark vorkommen. Es handelt sich um durchwegs ältere Herren, die normalerweise schon längst in Rente wären, hätten sie einen "normalen" Beruf ausgeübt. Sie verlassen sich einzig und allein auf das Gebet, das ohne Zweifel einen ganz starken Schutz darstellt, aber wie viel leichter wäre es in Kombination mit Energiearbeit und deren Symbolen und Mantras. Auch wäre damit (aber Achtung: nicht alleine damit!) ein Fernexorzismus möglich, den die Exorzisten nicht durchführen können, nicht einmal, wenn eine Fotografie vorliegt. Dann sind sie nur in der

Lage, eine Segnung auszuführen und zu beten. Wie viel stärker und effizienter, aber auch sicherer für diejenigen, die es ausüben, könnte ein Clearing oder Exorzismus sein! Ich hoffe und wünsche, dass es in den nächsten Jahren zum Wohle der Besessenen eine wunderbare fruchtbare Zusammenarbeit geben wird.

Eine herzliche Bitte: Handelt es sich um dunkle satanische Wesenheiten, die am Wirken sind, gehört das Clearing (die Austreibung der Dämonen) noch mehr als bei jeder anderen Form von negativen Energien in die Hände von erfahrenen Therapeuten. Bei einer dämonischen Besetzung kann nur ein erfahrener und energetisch starker Dämonenaustreiber helfen. Die Arbeit ist gefährlich und erfordert viel Kraft. Das Geistwesen, der Dämon, muss einen Exorzisten respektieren und das tut er nur, wenn er spürt, dass er es mit einer starken Persönlichkeit zu tun hat. Auch die katholische Kirche hat wie gesagt ihre Exorzisten, die in unserer aufgeklärten Zeit nicht so gerne gesehen oder gar belächelt werden. Die kirchlichen Exorzisten kamen bei ihrer Arbeit allerdings schon öfter zu Schaden. Es reicht nicht aus, nur bestimmte Gebete zu rezitieren. Es ist absolut wichtig (lebenswichtig!), beim Kontakt mit einem Dämon ein energetisch starker Mensch mit sehr hoher Frequenz zu sein.

Jeder Exorzist hat seine eigene Methode zu arbeiten. Manche versetzen sich in Trance, tanzen oder singen, rezitieren Mantras. Weder Religion noch Weltanschauung spielen dabei eine Rolle. Ich selbst arbeite ruhig und ganz sanft und nicht jedem Klienten teile ich mit, dass er eine Besetzung hatte. Nach dem Exorzismus/Clearing sollte der Klient seine Denkweise und sein Verhalten überdenken und seinen Charakter veredeln, um weiteren Besetzungen vorzubeugen. Er sollte ebenfalls sein Energiefeld stärken und an sich arbeiten. Ist er nicht bereit, sich zu ändern, war vielleicht das Clearing umsonst und der Dämon kehrt zurück. Auch das ist schon einige Male geschehen bei Klienten, die stets Schuld auf andere Menschen projizieren und keine Verantwortung für das eigene Leben übernehmen wollen. Sie erkennen nicht, dass jeder selbst verantwortlich ist für sein Leben. Es ist schon dringend erforderlich, seine Denkweise zu verändern und bewusster zu werden, will man wirkliche dauerhafte Hilfe erfahren und ein glückliches Leben führen. Die Liebe, die wahre Liebe des Herzens, ist der größte und stärkste Feind des Dämons. Leben Sie die Liebe und erwecken Sie die Herzensenergie (siehe Schutztechniken Kapitel V), dann sind Sie gut geschützt!

Interessant ist es zu lesen, wie die alten Mönche die Zeichen für den Sieg über Dämonen werten. Für den einen ist es die Reinheit des Herzens, für den anderen die Demut, für einen weiteren sind es Ausgeglichenheit und Gelassenheit. Wichtiges Zeichen ist für sie die höchste Aktivität des Verstandes, das heißt, wenn jemand beten kann, ohne abgelenkt zu werden. Der Verstand ist ganz bei sich, der Mensch also emotionsfrei und konzentriert. Im Fall des Gebets ist er konzentriert auf Gott, der Mensch hat zu sich selbst gefunden. Die Gefühle kommen zur Ruhe und sind auf Gott ausgerichtet. Man kann es auch moderner ausdrücken und sagen, der Mensch befindet sich in seiner Mitte. Er lebt Ruhe und Gelassenheit und ist im Einklang mit sich und der göttlichen Welt. Der Mensch erkennt somit die Dinge, aber sie erzeugen keine Emotionen mehr in ihm.

Evagrius von Antiochien übersetzte 388 Briefe über das Leben des Heiligen Antonius Eremita und dessen Erfahrungen mit dem Teufel. Er schreibt: *"Er entzieht sich dem Dämon durch überaus harte asketische Lebensweise. Es gelingt ihm, den Versuchungen des Teufels zu widerstehen. Genau wie ein Spiegel von den Bildern nicht befleckt wird, die er widerspiegelt, so bleibt die leidenschaftslose Seele unbefleckt durch die Dinge dieser Welt."* In diesem Fall werden Emotionen mit Dämonen gleichgesetzt und folglich ist der emotionslose Mensch, der keine Projektionen auf Dinge hat, frei von Dämonen. Sie können ihm nichts mehr anhaben. Hierbei bleibt aber die bösartige Besetzung durch negative Wesen ohne Berücksichtigung.

• Die katholische Kirche und ihre Exorzisten

»Am Sieg Christi über den Teufel ist auch die Kirche beteiligt; Christus hat in der Tat seinen Jüngern die Macht gegeben, Dämonen auszutreiben. Die Kirche übt diese siegreiche Macht aus durch den Glauben an Christus und das Gebet, das in spezifischen Fällen die Form des Exorzismus annehmen kann.«

(Johannes Paul II. am 20. August 1986)

Soweit das Zitat des Papstes zum Thema Dämonen. In der Tat ist es so, dass die Befreiung von negativen Energien und der Exorzismus nicht nur Angelegenheit der Kirche sind, sondern dass es einige Menschen gibt, die nicht zur Amtskirche gehören und keine Priesterweihe erfahren haben, die aber dennoch aufgrund ihres Glaubens und ihrer hohen eigenen Frequenz sehr gut in der Lage sind, mit fremden Energien zu kommunizieren und sie wegzuschicken.

Soweit mir bekannt ist, spricht die katholische Kirche in Italien (seitens der Amtskirchen in Deutschland ist bzgl. Exorzismus kaum etwas zu vernehmen) immer von Befreiung der besessenen Person, aber niemals davon, dass die besetzenden Wesenheiten ins Licht geschickt werden.

Das ist aber meines Erachtens die Aufgabe eines verantwortungsbewussten Exorzisten. Wie wir für unsere

Feinde beten sollen, so ist es die Aufgabe der Menschen, die sich mit Clearings beschäftigen, allen negativen Energien die Erlösung im göttlichen Licht anzubieten. Das ist nicht immer einfach, aber es muss versucht werden. Gerade dabei ist es immens wichtig, dass die das Clearing durchführende Person ein absolut reiner Kanal ist für die göttlichen Energien. Es geht nur im Einvernehmen mit der Erlaubnis und Kraft Gottes und den Erzengeln.

"Es kommt nicht auf die Worte an", schreibt Pater Frumentius Renner in seinem Buch "Im Kampf gegen Magie und Dämonie", *"sondern auf den Geist, den Sinn; die Worte sind nur die Gleise, auf denen der Geist sich auswirkt."* Christus hat befohlen, Dämonen auszutreiben, hat aber - soweit mir bekannt - kein spezielles Ritual festgelegt. Die Sakramentalien jedoch hat Christus festgelegt: Gebet, Beschwörung, der Name Jesu und das Kreuz.

"Eine Frage nach der Wirksamkeit der Sakramentalien wird immer wieder gestellt. Wirken sie ex opere operato oder ex opere operando?", fragt Pater Renner. Wirkt das Ritual also durch sich selbst oder aufgrund der Kraft des Ausübenden? Es kommt sehr darauf an, mit welcher Würde, Kraft und welchem Glauben der Ausführende an die Arbeit geht. Dabei darf er auf gar keinen Fall Angst verspüren oder Zweifel an seiner Arbeit. Das würde den negativen Kräften sofort Tür und

Tor öffnen, da Angst und Zweifel die schützende Frequenz herabsetzen und Angriffen Platz bieten.

Der kirchlich beauftragte Exorzist, wenn es denn unbedingt ein solcher sein soll, muss einen Auftrag von seinem Bischof erhalten. Die Verantwortung lastet aber auf dem Pfarrer selbst. "*Wichtig ist außer einem tadellosen würdevollen Leben*", so Pater Frumentius Renner weiter, "*dass der Priester physisch stark und gesund ist. Auch wer zu Melancholie und Furchtsamkeit neigt, ist nicht geeignet. Der Exorzist muss entschlossen und sicher sein in dem, was er tut.*"

Wie dem auch sei, eine streng gläubige Katholikin erzählte mir, dass sie schon mehrfach Priester und auch einen Abt um einen Exorzismus in ihrem Haus gebeten habe. Ihr wurde mitgeteilt, dass nach dem Zweiten Römischen Konzil in den sechziger Jahren kein Exorzismus in Deutschland mehr durchgeführt werde. Die jungen Priester wüssten gar nicht damit umzugehen und die älteren trauten sich nicht.

So viel zum Kapitel Kirche und Exorzismus. Wie in diesem und dem vorangegangenen Kapitel betont, ist es meines Wissens nicht wichtig, dass die Befreiung von negativen Energien durch einen Mann der Kirche zu erfolgen hat. Es kommt aber unbedingt auf die innere Einstellung, die Stabilität, den Glauben und das Vertrauen auf die göttliche Macht an.

• Die autorisierten Exorzisten Roms

Es gibt sie wirklich, die Exorzisten des Vatikans. Während meines Aufenthaltes in Rom hatte ich die Möglichkeit, einige der autorisierten Exorzisten kennen zu lernen. Sogar Don Gabriele Amorth, der wohl berühmteste Exorzist der katholischen Kirche, räumte mir eine Audienz ein. Daneben habe ich noch weitere Exorzisten persönlich kennen gelernt bzw. mit ihnen telefoniert: Don Gianfranco Mori, Padre Tomasso Torres, Padre Vincenzo Taraborelli und Padre Angelo Bennati.

Während meines vierwöchigen Aufenthaltes in Rom wollte ich doch unbedingt die Gelegenheit nutzen und einige Exorzisten sprechen. Nach einigen vergeblichen Anläufen in den Amtsstuben des Lateranpalastes, aus dem ich nie eine Antwort auf meine Schreiben erhalten hatte, habe ich dank meiner teutonischen Hartnäckigkeit endlich eine Liste mit Telefonnummern der autorisierten Exorzisten Roms erhalten. Wegen der bevorstehenden Weihnachtsfeiertage gestaltete sich die Terminabsprache etwas schwierig, gelang dann aber doch noch. Geradewegs gegenüber dem Lateranpalast (Piazza San Giovanni di Laterano) befindet sich die Heilige Treppe, die Scala Sancta. Dort traf ich Padre Tomasso Torres an, einen der Exorzisten Roms. Er ist ein extrem kleiner, zart gebauter alter Mann. Seine Aufgabe besteht hauptsächlich darin, mehrmals pro Woche am Vormittag Gegenstände, Fotos und Personen zu segnen. Ich habe aus Neugier an einer solchen Zeremonie teilgenommen, während der sowohl die anwesenden Personen als auch alle mitgebrachten Gegenstände reichlich mit Weihwasser besprüht wurden. Die auf zwei Tischen ausgelegten Gegenstände wie Rosenkränze, Fotos, Kinderkleidung, Handtaschen, Flaschen mit Wasser und Öl wurden vom Pater gesegnet. Anschließend ging er von Person zu Person - wir stellten uns im Kreis um ihn herum auf - und er hielt jedem die Hand auf den Scheitel und berührte das Dritte Auge sowie die Mitte des Brustbeins. Ich hatte den Eindruck, dass ihn die Tätigkeit, die er an diesem Morgen an etwa fünfzig Menschen ausführte, sehr anstrengte und kann mir daher beim besten Willen nicht vorstellen - aber bitte, das ist mein ureigenster persönlicher Eindruck -, dass er in der körperlichen Verfassung ist, einen langwierigen oder schwierigen Exorzismus durchzuführen.

Einige Tage später ging ich morgens von einer der vier Hauptkirchen Roms, der Santa Maria Maggiore, aus in die Pfarrei der Kirche, die den Namen der Heiligen Silvester und Martin trägt. Dort traf ich auf einige wartende Menschen. Immerhin hält Padre Vincenzo fast täglich seine Sprechstunde und empfängt viele Menschen. Vor allen Dingen kommen Personen zu ihm, die glauben, besetzt zu sein oder Probleme mit Flüchen und schwarzer Magie zu haben.

Ich traf dort auf eine Frau, die mit mehreren Familienfotos zu ihm kam und sich unter Tränen beschwerte, dass die Schwiegertochter und der eigene Sohn sich schändlich und böse ihr gegenüber verhielten. Der Sohn habe sein Wesen verändert nach der Heirat und habe sich zu einem bösen respektlosen Mann verwandelt, der sogar Schimpfwörter gegen die eigene Mutter gebrauche. Pater Vincenzo sagte dieser verzweifelten Frau das Gleiche, das er auch zu mir sagte: Er könne nur Fotos segnen, er sei nicht in der Lage festzustellen, ob es sich um eine Besetzung bei den fotografierten Personen handele.

Freilich betete er gemeinsam mit mir über einem Foto und tat das Gleiche mit der anderen Dame und deren Bildern. Nach dem Besuch beim Pfarrer haben wir uns auf einen Kaffee zusammengesetzt und ich habe die Fotos getestet. Sowohl die Ehefrau als auch der Sohn stehen unter dem Einfluss eines schwarzmagischen Angriffs. Beide haben eine Besetzung durch arme Seelen und dunkle Energien, wobei die Frau mehr belastet ist als der Sohn. Also fest steht, dass trotz des Gebets und der Segnung des katholischen Pfarrers weder die Besetzung noch die schwarze Magie gewichen waren. Es scheinen wirklich mehrere Sitzungen durch einen Exorzisten nötig zu sein. Padre Vincenzo hatte sich die Namen der Personen notiert, um für sie beten zu können. Aber auch eine Woche nach dem Besuch bei Padre Vincenzo und dem Gespräch mit ihm lasteten noch immer dunkle Energien - ich vermeide gerne den Begriff Dämonen - auf der jungen Frau.

Für mich Beweis genug, dass es nicht genügt, ein Bild zu segnen und zu beten. Es ist jammerschade, dass die Exorzisten nicht umfassend Bescheid wissen über alternative und effiziente Clearing-Methoden beziehungsweise diese ablehnen. Nach zwei Tagen gewohnter Clearingarbeit war der Spuk vorbei, Fluch und Verwünschung und deren Folgen waren aufgelöst, die verirrten Seelen ins Licht geschickt mit Hilfe der Engel und Jesus Christus, alle dunkle Energien hatten das Ehepaar verlassen. Auch das erfolgte nur durch Mantras, Symbole und Gebete und die Kraft der Liebe. Die Liebe ist die stärkste Kraft auf Erden, das dürfen wir niemals vergessen. Alles geht sehr viel leichter, einfacher und schmerzfreier durch Liebe. Bedeutet das eventuell, dass es nötig ist, dass ein Exorzist die Menschen persönlich vor sich haben muss? Interessant ist auch die Auskunft Pater Taraborellis, dass er nicht zwischen verirrten Seelen und dunklen Energien unterscheide. Es handle sich immer um diabolische Energien, um Dämonen.

Zu Don Gabriele Amorth, dessen Vorfahren deutscher Abstammung sind und der mehrere Bücher zum Thema Exorzismus geschrieben hat sowie auch hin und wieder im Deutschen Fernsehen zu sehen ist, ging ich einen Tag später am Vormittag. Beim Starexorzisten Roms angekommen, der sympathisch pünktlich anwesend war, wurde ich in einen winzigen Raum mit karger Ausstattung geführt. Es standen lediglich eine Liege darin und sechs Stühle. Ich hatte ein Foto dabei von Klienten. Ich zeigte es ihm und fragte ihn, ob er anhand eines Fotos feststellen könne, ob eine Besetzung vorliegt. Er verneinte dies entschieden. Nein, das sei nicht möglich. Aber er könne die Personen auf den Fotos segnen. Für einen Exorzismus müsse er die Menschen immer direkt bei sich haben.

Aber wenn ich doch schon einmal da sei, so sagte er, wolle er gerne einen Exorzismus an mir machen. Ich fragte ihn, ob er denn eine negative Energie an mir bemerkt habe. Er verneinte und erklärte mir, dass man erst während und nach dem Exorzismus sehen könne, ob es sich um eine Besetzung gehandelt habe. Wegen meiner Arbeit mit Feng Shui fragte ich ihn, ob er Erfahrung mit Wesenheiten in Häusern habe. Nein, dazu könne er nichts sagen, aber wenn Seelen da seien in einem Haus, wäre auf alle Fälle auch ein Exorzismus zu machen. Er vermittelte mir den Eindruck, als sei für ihn jede Form von Energie, die sich in einem Haus oder einem Menschen befindet, grundsätzlich negativ und schädlich, also diabolisch. Auf das Thema der verirrten oder armen Seelen, die ihren Tod noch nicht realisiert haben, ist er nicht eingegangen.

Also ließ ich mir einen Exorzismus machen - ich versichere Ihnen, dass es mir nicht einerlei war. Ich hatte bis zu jenem Zeitpunkt keine Ahnung, wie ein durch einen Mann der Kirche ausgeführter Exorzismus abläuft. Er legte sich seine Utensilien auf einen Stuhl zu seiner Linken zurecht: ein silbernes Kreuz mit Jesus Christus, einen kleinen Behälter mit Salbe oder Öl und das Weihwasser zum Besprengen. Ich nahm in einem Sessel Platz, Don Gabriele setzte sich links von mir auf einen Stuhl, zu meiner Rechten nahm ein herbeigerufener älterer Herr namens Nino Platz, der den Exorzismus durch permanentes Beten unterstützte. Das Beten ist der entscheidende und ausschließliche Faktor beim Exorzismus. Exorzismus ist Gebet. Exorzismus hat nichts Mystisches oder Geheimnisvolles an sich, es ist ganz einfach das Gebet, ein bestimmtes Ritual.

Don Gabriele fragte mich, ob ich katholisch sei und sagte nichts weiter, als ich verneinte. Er legte sich das Ende einer violetten Schärpe über seine linke Schulter, das andere Ende legte er um meine rechte Schulter. So waren wir beide durch die Schärpe verbunden. Beide Herren begannen zu beten, sie fingen mit dem Vaterunser an, vorher und danach besprengte Don Gabriele Amorth jeden von uns mit Weihwasser. Dann beteten sie den Rosenkranz, so weit konnte ich der italienischen Sprache noch folgen. Dann folgte eine Litanei von Gebeten, Heilige wurden angerufen und ich hörte ihn, die Mutter Gottes um Hilfe bitten. Er nannte alle bösen Energien wie Fluch und Verwünschung, ich hörte ihn vom Teufel sprechen. Es schien eine festgelegte Reihenfolge bestimmter Gebete und Anrufungen für den Exorzismus zu geben. Die Gebete und Anrufungen wurden sehr schnell und monoton gesprochen. Zwischendurch berührte er immer wieder meine Stirn und machte auf ihr das Zeichen des Kreuzes, anschließend wiederholte er immer das Kreuz wie üblich auf Stirn - Herz - linker Schulter - rechter Schulter und sprach dabei in Italienisch: "Im Namen des Vaters, des Sohnes und des Heiligen Geistes." Gegen Ende des Exorzismus wurde ich auf der Stirn gesalbt, auch wieder in Form eines Kreuzes. Diesen Vorgang wiederholte der Priester dreimal. Anfangs hatte ich die Augen geschlossen, um mich besser konzentrieren zu können, wurde aber von ihm gebeten, die Augen offen zu halten und ihn ab und zu anzuschauen. Er könne an meinen Augen erkennen, ob sich Dämonen in mir befänden. Immer wenn ich ihn anblickte, fiel mir auf, dass er höchst aufmerksam arbeitete und mich unablässig beobachtete.

Am Ende des Exorzismus fragte ich danach, wie es sich denn bemerkbar mache, wenn Dämonen in einer Person anwesend seien. Er sprach davon, dass Menschen mit einer dämonischen Besetzung während des

Rituals unruhig werden. Sie regten sich auf und könnten nicht ruhig sitzen bleiben, viele würden anfangen zu schimpfen und zu fluchen. Ihre Gesichter würden häufig zu Grimassen verzerrt. Manchmal käme es vor, dass die betroffenen Menschen ihn mit vier Augen oder zwei Köpfen ansehen würden. Das sei immer ein Zeichen dafür, dass eine Besetzung durch Dämonen vorliege. Es sei wichtig, dass die betroffenen Menschen persönlich zu ihm kämen, denn oft seien mehrere Sitzungen nötig, um einen Dämon zu vertreiben.

Ursache für die Besetzung mit Dämonen und diabolischen Kräften sind seiner Meinung nach die Beschäftigung mit Okkultismus und Satanskult, die Teilnahme an spiritistischen Sitzungen und der Besuch von Medien, Wahrsagern und Kartenlegern. (Die katholische Kirche wendet sich generell von der New-Age-Bewegung ab. Hier wäre zu prüfen, was sie unter diesem Begriff versteht und was er ihrer Meinung nach beinhaltet.) Er erklärte mir, dass die Methoden der Energiearbeit, die aus Asien stammen, wie Reiki zum Beispiel, Tür und Tor öffneten für Dämonen. Er berichtete mir, dass es vier Grade gäbe bei Reiki. Ich hatte den Eindruck, dass er nur ein Teilwissen darüber hat oder mehr nicht sagen wollte. Schade eigentlich, weil man mit Hilfe der Reiki-Technik, der höheren Reiki-Grade, schon vor einem Exorzismus oder Clearing eindeutig feststellen kann, ob eine Person besetzt ist oder nicht.

Christliche Gebete im Verein mit asiatischer Energiearbeit, das wäre optimal. Ich bestätige gerne, dass dies exakt meiner Arbeitsmethode entspricht, die absolut erfolgreich ist. Es geht nichts ohne Gott und die göttlichen Helfer, aber es geht viel leichter und sanfter für alle Beteiligten, wenn der Exorzist/Helfer ein besonders hohes energetisches Niveau hat durch die Symbole und Mantras der Großmeistergrade sowie durch Selbstmeisterung. Außerdem muss darauf hingewiesen werden, dass die Symbole den Eigenschutz verstärken. Dazu kommen noch andere Symbole und Kraftzeichen aus unterschiedlichen Kulturen und Traditionen, die, alle zusammen angewandt, ein rasches Clearing (oder nennen wir es Exorzismus) zulassen. Wichtig vor allem aber ist die Selbstmeisterung in Demut und Glauben. Denken Sie bitte nicht, Reiki verhelfe zur Allmacht. Nein, es ist stets die Verbindung zum Göttlichen und seinen Helfern, die uns hilft und befähigt zu helfen.

Beim Abschied sagte er zu mir, dass er es sehr bedaure, dass sich die deutschen Bischöfe gegen den Exorzismus stellten und ihn nicht mehr beherrschten. Es sei aber nicht nötig, dass die Menschen aus Deutschland zu ihm nach Rom kämen. Es würde genügen, sich in Gruppen zusammenzufinden und den Exorzismus zu beten. Das würde die meisten Dämonen vertreiben. Leider glaubten schon viele Pfarrer und Bischöfe gar nicht mehr an das Böse und den Teufel. Er sei in die Welt der Fabeln gerückt worden und hätte damit leichtes Spiel in der heutigen Zeit. Damit hat er wohl Recht!

Wir haben also eine Aussage, die deckungsgleich ist mit dem, was ich vorher gesagt habe, Exorzismus ist nicht ausschließlich Sache der Kirche. Jeder gläubige Mensch kann für einen anderen Menschen beten und Jesus Christus und Gottvater (wer mag, kann auch die Heiligen um Unterstützung bitten) um Hilfe bei der Vertreibung der negativen Energien bitten. Ich persönlich bevorzuge hingegen meine eigene Methode, die auf eigenen positiven Erfahrungen basiert und bisher ausschließlich schnelle Erfolge verbuchen konnte. Ich praktiziere ein sanftes, aber wirkungsvolles Clearing (Exorzismus), bei dem die besetzte Person von der dämonischen Belagerung oder dem Fluch und der schwarzen Magie befreit wird und bei der gleichzeitig dafür gesorgt wird, dass die fremde Seele oder Wesenheit ins Licht und in die Erlösung gehen darf.

Kapitel IV

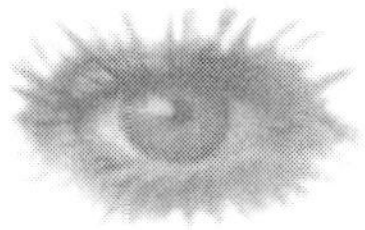

Negative Energie im alltäglichen Umfeld

○ ○ ○

Technisch erzeugte Strahlung

Wenn wir von negativen Einflüssen und vom Bösen per se sprechen, kommen wir heute nicht mehr umhin, auch die Beeinflussung durch die Technik zu erwähnen und davor zu warnen. Neben den feinstofflichen schädlichen Energien wie Fluch, schwarze Magie, verirrte Seelen und dämonische Kräfte, sind es die Einflüsse technischer Geräte, die den Menschen schwächen und ihm Schaden zufügen. Es handelt sich ebenfalls um nicht sichtbare und kaum spürbare Energien, denen sich heute niemand mehr entziehen kann. Da diese Einflüsse das Wohlbefinden beeinflussen und krank machen, ist es wichtig, sie zu erwähnen, zu beschreiben und Lösungen zum Schutz davor anzubieten. Daher wird diesen Energien das folgende Kapitel gewidmet.

Wir sind überall und zu jeder Zeit beeinflusst und bestrahlt, egal wo wir uns aufhalten, egal zu welcher Tages- oder Nachtzeit. Nicht nur, dass wir uns freiwillig zu Hause in den eigenen vier Wänden mit den Geräten der Unterhaltungselektronik umgeben (Fernseher, Videorecorder, DVD-Player, Stereoanlage, Satellitenanlage), auch die Küche ist heutzutage ein Hightech-Raum voll mit Elektronik und Strahlen erzeugenden Geräten wie dem Mikrowellenofen. Dabei hat man vor Jahren bereits untersucht, dass in der Mikrowelle zubereitete Speisen keinen Nährwert mehr haben, auch wenn der Gar- oder Auftauvorgang sehr schnell vonstatten geht. Die darin gegarten Speisen verdienen nicht mehr die Bezeichnung Nahrungsmittel, denn sie ernähren niemanden mehr. Im Gegenteil, nicht nur, dass man diese Speisen als tot bezeichnen kann, sie schaden auch noch. Es gibt Mutmaßungen darüber, dass sich in der Mikrowelle zubereitete Speisen gentechnisch auswirken und das menschliche Genmaterial verändern.

Abgesehen davon nehmen alle technischen Geräte Einfluss auf unseren eigenen Elektromagnetismus. Der Mensch ist ein elektromagnetisches Wesen, wir haben unsere eigene Elektrizität, was sich mit Pendel oder Biotensor sehr gut beweisen lässt. Jedes Gliedmaß und jeder Körperteil schwingt in einer anderen Richtung. Stellt man daher mit dem Biotensor fest, dass er über jedem Körperteil in derselben Richtung dreht, können wir davon ausgehen, dass die betreffende Person nicht gesund ist. In einem Seminar habe ich einen alten erfahrenen Rutengänger erlebt, der eine Kursteilnehmerin mit Migräne austestete. Ihr ganzer Körper war links drehend. Nach einer Therapie - es sei hier nur so viel gesagt, als dass es sich um eine Form der Energiearbeit handelte -, zeigte der Biotensor wieder Drehungen und Schwingungen nach links und rechts, immer abwechselnd: Unterarm rechts, Oberarm links und so fort.

Elektrische Geräte und ihre Strahlung reduzieren die körpereigene Abwehr und schwächen die Aura. Ein Mensch, der die meiste Zeit seines Lebens vor Computern und elektronischen Geräten verbringt oder sich in deren Einflussbereich aufhält, hat automatisch eine viel durchlässigere und schwächere Aura. Ist die Aura aber geschwächt und die eigene Frequenz niedrig, ziehen wir fremde Energien an und werden kränklich.

○ ○ ○

Beeinflussung durch Handys

Es erscheint mir sehr wichtig, auch eine Aufklärung der Bevölkerung in Bezug auf Strahlung durch Handys zu betreiben. Handys sind zwar außerordentlich praktisch, aber ist es nötig, diese Minitelefone ständig eingeschaltet zu lassen? Dadurch, dass diese Geräte immer "intelligenter" werden, so genannte Alleskönner sind, den Computer ersetzen, e-Mails versenden, einen perfekten Spielbetrieb bieten und sogar Fotos machen können, also nicht nur der Kommunikation, sondern vielmehr dem Zeitvertreib dienen, werden sie kaum noch ausgeschaltet. Das bedeutet, dass vor allem junge Leute, ja schon Grundschüler, das Handy rund um die Uhr in Betrieb haben.

In einer Informationsbroschüre eines Unternehmens ist über die Strahlung durch Telefone zu lesen: "*Nachweislich wirkt sich der Gebrauch von Handys und Telefonanlagen negativ auf das körperliche Wohlbefinden und auf die Gehirnstromtätigkeit aus. Telefonieren bewirkt eine erhöhte Produktion von Stressproteinen, führt zu Kopfschmerzen, Augenreizungen, einer Häufung von Gehirntumoren, Gedächtnisstörungen und Konzentrationsmangel sowie zu Müdigkeit.*"

Es gibt diverse Veröffentlichungen zu diesem brisanten Thema. Hier ein Abschnitt aus dem Buch "Magischer Gegenzauber", in dem über die permanente Beeinflussung durch Handys zu lesen ist:

"*Eine erste unabhängige Gesundheitsuntersuchung zur Strahlung von Mobilfunksendern in der Schweiz kommt zu erschreckenden Ergebnissen. Demnach sollen die Mobilfunksender die gleichen Pulsfrequenzen benutzen, wie sie von Gentechnikern zum Öffnen und Manipulieren von Zellen verwendet werden. Damit wäre zu befürchten, dass durch den flächendeckenden Mobilfunk bald eine großflächige Erbgutveränderung ausgelöst werden kann. (...)*"

Einen Grund für diese unverantwortliche Bereitstellung schädlicher Frequenzen glaubt Dr. Hertel erkannt zu haben. In dem Magazin "ZeitenSchrift" war zu lesen:

"(...) Die Handys könnten nämlich auch mit viel niedrigeren Ausgangsleistungen der Mobilfunk-Sendeanlagen betrieben werden. Warum also weigert man sich so verbissen, die Grenzwerte herabzusetzen? Ich glaube fast, gewisse Kreise wollen diese schädliche Strahlung in Wirklichkeit noch für etwas anderes nutzen als für Handys. Mit dieser Strahlung ist eben auch Bewusstseinskontrolle bei den Menschen möglich. Ihre Psyche kann damit willentlich beeinflusst werden, indem von außen direkt in die Gehirnfrequenz eingegriffen wird, was mit den geplanten Sendeleistungen der Mobilfunkanlagen durchaus möglich ist.

Frage: Man will ja das Implantieren von winzig kleinen Chips vorantreiben, welche dann von kranken Menschen ununterbrochen so genannte lebenswichtige Daten an einen Zentralcomputer übermitteln sollen, damit sie noch besser und schneller medizinisch betreut werden können. Kindern sollen Identifikations-Chips eingespritzt werden, damit man sie sofort orten kann, wenn sie entführt werden oder sich verirren. Solche Vorstellungen vertreten immer mehr Wissenschaftler. Da erstaunt es nicht, dass England in diesem Jahr die sechsmonatige Quarantäne für eingeführte Tiere unter der Bedingung aufhob, dass diesem Tier unter anderem ein individueller Identifikations-Chip eingepflanzt werden soll. Aus verlässlicher Quelle vernahm ich nun, man müsse durch den Mobilfunk eine gewisse flächendeckende elektromagnetische Hintergrundspannung erreichen, damit diese implantierten Minichips überhaupt funktionieren können, da man sie ja nicht mit Batterien ausstatten kann, die periodisch ersetzt werden müssen. Was meinen Sie dazu?

Antwort: Das kann ich mir gut vorstellen. Mit der bestehenden Technologie kann das durchaus gemacht werden ..."

Handys nehmen zudem Einfluss auf das Blut. In einigen Studien war zu lesen, dass die Benutzung des Handys die Temperatur der Zellen und des Blutes erhöht (auf der Seite des Kopfes, an die das Handy gehalten wird), wodurch sich die Blutbestandteile verändern, Blutplättchen kleben zusammen.

Mir ist bei mir selbst aufgefallen, dass sich die Körperregion, an der sich das Handy befindet, erwärmt. Trage ich das Handy in der Gesäßtasche meiner Jeans, bemerke ich eine Erwärmung der entsprechenden Pobacke. Ebenso ergeht es Freunden, die das Handy bevorzugt in der Brusttasche des Hemdes tragen. Sie spüren, dass sich die Brust erwärmt und bemerken eine Veränderung der Atmung und der Herzfrequenz. Telefonieren mit Handy oder schurlosen Telefonen bewirkt ganz häufig eine Rötung des jeweiligen Ohres und einen dumpfen Druck, manchmal sogar vermehrte Ohrgeräusche, ähnlich dem Tinnitus.

Dass verstärkter Schutz für Sie und Ihre Gesundheit absolut nötig ist, beweist auch ein Bericht aus der Nürtinger Zeitung im Oktober 1999:

London - Vorsicht Handy! Eine Gruppe internationaler Wissenschaftler warnt dringend vor der Benutzung mobiler Telefone. In einer Sendung des britischen Fernsehens veröffentlichte das Expertenteam aus den USA, Australien und Schweden am Montag die Ergebnisse umfangreicher Studien, die erhebliche Besorgnis auslösten. Danach müssen Handy-Benutzer mit Krebs, Asthma, und der Alzheimer Krankheit rechnen, weil die elektromagnetischen Wellen der mobilen Telefone Gehirnzellen schädigen können.

Die Bedrohung ist angeblich so erheblich, dass die an den Feldversuchen beteiligten Wissenschaftler selbst die handlichen Geräte überhaupt nicht mehr in die Hand nehmen oder möglichst selten nutzen. So berichtete ein schwedischer Experte, dass er spätestens nach einer Minute das Ohr wechselt, um eine längere Bestrahlung einer Kopfhälfte zu vermeiden.

Der britische Volkswagen-Importeur reagierte umgehend aus die besorgniserregenden Funde. Zu jedem Wagen gehört jetzt eine Warnung, wegen der möglichen Gefährdung durch elektromagnetische Felder keine mobilen Telefone innerhalb des Fahrzeugs zu benutzen.

Die Wissenschaftler waren durch Tierversuche auf die Gefahren der Handys gestoßen. Handys sind kleine Funkstationen, die Mikrowellen zu einem kilometerweit entfernten "Transmitter" senden, der die Botschaften weiterleitet. Eine vergleichbare Strahlung löste bei Ratten schwere Gehirnschäden aus.

Ähnliches war in einer weltweit angelegten Studie zu lesen, die der Springer Auslandsdienst ebenfalls 1999 bereits veröffentlichte.

Wer häufig Kopfschmerzen hat, sich abgespannt fühlt, hat wahrscheinlich zu viel mit dem Handy telefoniert. Denn die größte Studie der Welt ergab: jeder zweite Benutzer klagt über Auswirkungen auf das Herz-Kreislaufsystem, Müdigkeit oder Kopfweh. Von 11.000 Befragten, **selbst diejenigen, die Mobiltelefone nur zwei Minuten am Tag benutzen** *(!!!), beschwerten sich viele sogar über Gedächtnisschwund, brennende Haut und Hitze hinter den Ohren.*

Die Versuche, geführt vom Nationalen Institut für Arbeitsleben (National Institute for Working Life) in Schweden, kamen Wissenschaftlern sehr entgegen, die schon lange vor Risiken warnen. Alasdair Philips von "Powerwatoh", einem englischen Verbraucherschutz, sagt: "Das ist ein bedeutender Schritt nach vorn. Es gibt keinen Zweifel, dass diese Effekte Anlass zu großer Sorge sind. Selbst wenn nur eine von zehn Personen (und die Zahlen sind höher) unter diesen Problemen leidet, wären das 1,5 Millionen Menschen in diesem Land. Sie suchen Hilfe für Symptome wie Müdigkeit und Kopfschmerzen und werden gegen falsche Ursachen (Stress oder Depression) behandelt."

Ich möchte den Lesern dieses Buches folgenden Hinweis auf einer Homepage nicht vorenthalten: *"Handys mit alternativen, völlig unschädlichen und sogar noch effektiveren Techniken sind bereits entwickelt worden, werden aber von den Interessengruppen, welche diese bewusst krankmachenden Handys entwickelt haben, unterdrückt."*

Zu diesem Thema ein weiterer Auszug aus einer Internetseite (netzwerk-regenbogen.de/handy301200.html):

Handys - Beweise für die Schädlichkeit? Eine Studie, die nicht die gewünschte Unbedenklichkeit lieferte. Mobilfunkbetreiber hatten gemeinsam mit dem bayrischen Umweltministerium eine Studie für 800.000 DM in Auftrag gegeben. Wissenschaftler aus München und Gießen sollten über zwei Jahre hinweg Rinder von 38 Höfen beobachten und untersuchen. Die Höfe, die in unterschiedlicher Entfernung von Mobilfunk-, Fernseh- und Radiosendern liegen, waren entsprechend in vier Vergleichsgruppen aufgeteilt worden.

Auch der Bauernhof von Joseph Altenweger in Schnaitsee (Landkreis Traunstein) war für die Studie untersucht worden. Zwei Jahre lang kamen regelmäßig Ärzte und Wissenschaftler, die seine Tiere für die so genannte

Rinderstudie auf die Auswirkungen u. a. von Mobilfunk untersuchten. "Die haben mir gesagt, dass vom Ergebnis her der Gesetzgeber handeln muss", sagt der Landwirt. So eindeutig waren offenbar die Anzeichen für Auswirkungen auf Gesundheit und Verhalten der Tiere. Altenwegers Kühe hatten seit 1994 immer weniger Milch gegeben, es war zu zahlreichen Fehlgeburten gekommen, Fruchtbarkeitsstörungen waren von Besamungstechnikern als "schwer überdurchschnittlich" bezeichnet worden, die Abmagerung der Tiere hatte innerhalb von 12 Monaten zwei Notschlachtungen zur Folge, die Tiere wiesen Verhaltensstörungen auf. Bei Ausstallungsversuchen über 25 Kilometer Distanz verschwanden die Symptome und die Milchleistung normalisierte sich langsam, aber deutlich.

Die Studie könne so nicht veröffentlicht werden, war eine Information die der Bauer erhielt. Zu der Studie gab es aber Artikel im "Münchner Merkur" (6.12.2000), in der "Nürnberger Zeitung" (9.12.2000) und im "Liechtensteiner Volksblatt" (9.12.2000).

Von nahezu identischen Vorkommnissen berichtete "Schweiz aktuell" in einer Sendung am 13. November 2000. Bauern aus den Kantonen Appenzell und Bern beklagten gehäuft auftretende Fehlgeburten, Euter- und Gebärmutterentzündungen, Verhaltensstörungen und Milchleistungsrückgang. (...) Studien, die von Mobilfunkbetreibern oder mobilfunkfreundlichen Kreisen bezahlt wurden, fanden dagegen stets "keinerlei signifikante Hinweise auf gesundheitliche Auswirkungen bei Einhaltung der Grenzwerte."

Inzwischen liegen auch Informationen vor, dass die gesundheitsschädliche Wirkung von Handys im Hinblick auf Augenkrebs bewiesen werden konnte.

○ ○ ○

Beeinflussung im Büro und zu Hause

Ein Mensch, der ständig krank ist, jedes Jahr mindestens zweimal an Grippe leidet, bei jedem nasskalten Wetter Husten und Schnupfen bekommt, unter chronischer Müdigkeit leidet und abends nach der Arbeit zu nichts anderem mehr fähig ist, als auf der Couch liegend fern zu sehen oder jemand, den alles aufregt, der auf den winzigsten Anlass aggressiv reagiert und den die sprichwörtliche Fliege an der Wand stört - diese Menschen könnten unter vermehrtem Elektrosmog leiden. Das moderne Büro ist heute umgeben von Fax, Telefon, Kopiergeräten und schließlich dem Computer, hinzu kommen Lichtleisten und Beleuchtungssysteme in der Decke des Büros sowie Sprinkleranlage und Alarmsysteme. Besonders starken Einfluss nehmen dabei, ähnlich den oben ausführlich beschriebenen Handys, schnurlose Telefone auf uns. Hier stellen nicht nur die älteren Modelle eine

Gefahr dar, denn eine Basisstation strahlt immerhin ca. 300 Meter weit in die Umgebung. Auch die neuen Geräte, die mit dem DECT-Standard ausgestattet sind, also immerwährend senden und pulsen, haben laut Internet-Informationen eine Reichweite von mindestens mehreren hundert Metern. Kunden mit Hörgeräten berichten, dass derartige Telefone die Hörgeräte beeinflussen und stören. Auch wenn Sie selbst kein solches Telefon besitzen und verwenden, so stehen Sie doch unter dem Einfluss dieser Geräte, wenn in der Nachbarschaft ein solches vorhanden ist, da die Strahlung nicht Halt macht vor Mauern und Wänden.

Auch die Satellitenschüsseln beeinflussen uns stark. Sie sollten in mindestens acht Metern Entfernung vom Haus angebracht sein, was aber nie der Fall ist. Ganz häufig finden wir sie direkt an der Außenwand zu einem Zimmer. Mir ist der Fall eines Mädchens bekannt, das unter diffusen Symptomen wie Unaufmerksamkeit, Konzentrationsproblemen, schwachem Immunsystem, Lernschwierigkeiten und dem Herunterklappen eines Augenlides litt. Alle möglichen medizinischen Untersuchungen brachten kein brauchbares Ergebnis. Eine Feng-Shui-Beratung verhalf zur Aufklärung des Falls: direkt an der Außenwand hinter dem Bett des Kindes – es schlief mit dem Kopf direkt an dieser Wand im Abstand von maximal 30 Zentimetern – war eine Satellitenschüssel angebracht. Nachdem das Kind ein anderes Zimmer des Hauses bezogen hatte, erholte es sich innerhalb weniger Tage und brachte die erforderlichen Leistungen in der Schule.

○ ○ ○

Vorbeugung und Schutz

Wenn Sie sich schützen möchten gegen jede Art von technisch erzeugter Strahlung, empfehle ich Ihnen, zu einem besonderen Stein zu greifen. In den Unternehmen der Forschung und Industrie wird er hoch geschätzt, denn es ist bekannt, dass er granuliert als Zwischenschicht in Schutzanzügen vorzügliche Dienste leistet und den Menschen vor Strahlung bewahrt. Also, warum verwenden nicht auch wir ihn? Es handelt sich um den Schwertspat, sein griechischer Name ist Baryt.

Er gehört nicht zu den Edelsteinen oder Halbedelsteinen und ist nicht in jedem Fachgeschäft für Heilsteine zu erhalten, aber fragen Sie danach, vielleicht kann der Händler ihn besorgen oder bestellen. Besorgen Sie sich möglichst kleinere Steine, große Brocken können Sie zerteilen. Gut ist es, auf jede Fensterbank einen Stein zu platzieren oder in jeden Blumentopf, wenn Sie kleine Kinder haben. Außerdem gehört jeweils ein Exemplar auf jedes elektrische oder elektronische

Gerät, das heißt auf den Computer, auf den Monitor, neben die Tastatur, auf oder vor den Fernseher, neben die Mikrowelle (das Essen wird dadurch nicht besser), an das schnurlose Telefon, kleben Sie einen kleinen auf Ihr Handy und haben Sie möglichst immer einen in der Hosentasche oder der Handtasche. Selbstverständlich gehört der Baryt in jedes Büro.

Er muss übrigens nicht gereinigt werden, denn er ist ein Stein, der schädliche Strahlung absorbiert, transformiert und gute Energien abgibt. Eine Klientin, die in einem Raum voller technischer Geräte schläft, hat bereits in der ersten Nacht nach Auslegung der Baryte zum ersten Mal seit Jahren durchgeschlafen. Der Baryt ist ein sehr starker Stein, möglicherweise ist anfangs zu spüren, dass sich die Energien im Raum verändern, später tritt eine Gewöhnung ein und Sie sind sich dessen nicht mehr bewusst.

Natürlich gibt es auch andere Steine, die Strahlung absorbieren, die besten sind aber Baryt und Selenit. Es wurden auch Schutzfolien entwickelt, die unauffällig anzuwenden sind. Bei Interesse, kontaktieren Sie bitte die Autorin.

KAPITEL V

Schutzschilde – Steigerung des persönlichen Schutzes

○ ○ ○

Lernen Sie zu glauben

Eine schwache instabile und durchlässige Aura, ein Energiefeld, das Löcher aufweist, ist besonders aufnahmefähig für verirrte Seelen und Besetzungen und kann auch durch schwarze Magie und Flüche beeinflusst werden. Wenn Sie sich schützen möchten, ist es absolut notwendig, die Aura zu stärken und abzudichten. Es gibt verschiedene und unendlich viele Möglichkeiten. Sie werden jetzt die Techniken kennen lernen, die ich selbst anwende, die also erprobt und einfach sind. Es macht meines Erachtens keinen Sinn, wenn Sie erst einmal zahllose Zutaten benötigen und dann auch noch stundenlang mit Ritualen und Zeremonien beschäftigt sind.

Den wirksamsten Schutz gibt uns der Glaube. Das Wichtigste ist eine freundschaftliche Beziehung zu dem eigenen Höheren Selbst, dem Göttlichen in uns. Die göttliche unendliche Intelligenz wohnt in jedem Menschen und sie ist die einzige Macht und Ursache im Universum. Alle Lebenserfahrungen und die momentane persönliche Situation sind in uns zu suchen, sie sind nicht von außen zufällig an uns herangetragen worden. Wer glaubt, sucht nicht bei anderen

Menschen und im Außen, wer glaubt, weiß, dass alles in ihm ist - alles. Gott ist Leben und möchte sich durch jeden von uns durch Gesundheit, Frieden, Schönheit und Harmonie manifestieren. Wir sind in unserer Kraft und sollten uns immer mehr dafür öffnen. Gott ist die unendliche Intelligenz, die durch die schöpferischen Gesetze wirkt. Er ist unabhängig von Religion, Dogmen und Glaubensbekenntnissen. Die Sonne scheint gleichermaßen für die Gerechten und die Ungerechten. Gottes Wahrheiten sind unwandelbar und beständig, alles andere unterliegt dem Wandel und der Veränderung, seien es Religionen, Regierungen oder Aktienkurse. Ich darf Sie dazu ermuntern, sich dem Glauben zuzuwenden. Testen Sie es und Sie werden bemerken, dass es Ihnen persönlich besser geht. Bauen Sie Ihren persönlichen Schutz auf, indem Sie glauben und beten. Hinterfragen Sie alles, seien Sie kritisch und probieren Sie es aus, wenn Sie noch keine Erfahrung damit haben.

»Zu wollen, was Gott will, ist die einzige Kunst,
die uns inneren Frieden schenkt«
(Henry Wadsworth Longfellow)

○ ○ ○

Die Kraft liebevoller Gedanken

Wir haben gehört und immer wieder wird davon gesprochen und geschrieben, dass es außerordentlich wichtig ist, liebevolle Gedanken für jedermann zu haben. Es ist zu unserem eigenen Schutz und stärkt unsere Kraft, wenn wir unsere Herzensenergie erwecken Das geht am besten an einem ruhigen Platz in Ihrer Wohnung, an den Sie sich in Ruhe und Entspannung zurückziehen können. Sorgen Sie dafür, dass Sie ungestört sind und am besten ist es, wenn Sie dieses Ritual fest in Ihrem Kalender einplanen, an einem bestimmten Tag, immer zu derselben Zeit, in festgelegtem Rhythmus. Wenn dieses Ritual ein fester, regelmäßiger Bestandteil Ihres Alltags ist, finden Sie leichter zu sich selbst. Zünden Sie eine geweihte Kerze an und lassen Sie der Duftlampe ein ätherisches Öl entströmen, vorzugsweise Rosenöl, da es am besten mit der Frequenz des Herzchakras korrespondiert und hilft, das Herzchakra zu öffnen. Verwenden Sie nur echtes natürliches Öl. Wenn Sie mögen, lassen Sie leise entspannende Musik spielen.

Nehmen Sie nun eine entspannte Position ein, liegend oder sitzend, wie Sie möchten. Schließen Sie die Augen.

Atmen Sie mehrmals tief ein und tief aus. Die Entspannung vertieft sich mit jedem Atemzug. Konzentrieren Sie Ihre Gedanken auf Ihr Herzchakra in der Mitte der Brust. Stellen Sie sich vor, dass Sie nun nicht mehr nur durch die Nase ein- und ausatmen, sondern dass zusätzlich auch Ihr Herzchakra durch die Haut in Ihren Körper ein- und ausatmet. Stellen Sie sich jetzt einen rosaroten Nebel um sich herum vor. Atmen Sie diesen rosaroten Nebel in Ihr Herzchakra ein. Jeder Atemzug wird begleitet von einem Gefühl der Harmonie und der Ausgeglichenheit. Ihr Herzchakra beginnt nun, in der Frequenz der Liebe zu schwingen. Wie schön, wenn Sie dieses erhebende Gefühl wahrnehmen!

Verströmen Sie das Gefühl der selbstlosen Liebe im ganzen Raum. Dehnen Sie dieses Gefühl der Liebe auf die ganze Wohnung, auf Ihre Stadt und schließlich auf den ganzen Erdball aus. Mit jedem Atemzug vermehrt sich die Herzensenergie und Sie können Sie weiter verschenken. Genießen Sie dieses herrliche Gefühl, solange Sie Lust dazu haben. Anschließend kehren Sie mit Ihrer Aufmerksamkeit wieder in den Raum zurück, in dem Sie sich befinden.

Wenn Sie etwas Übung haben in der Vermehrung der Herzensenergie, versprühen Sie doch diese Form der Liebe wo immer Sie sich aufhalten: im Bus, auf dem Markt, in Geschäften, in kritischen Situationen, überall dort, wo sich viele Menschen aufhalten.

Visualisieren Sie mit geschlossenen Augen, wie aus Ihrem Herzens rosarote Wölkchen der Liebe hinausströmen und alle Menschen und die Erde erfassen. Damit bewirken Sie eine allgemeine Anhebung der Energie und dienen damit dem Wohlbefinden aller.

Ich selber praktiziere das sehr häufig, vor allem immer dann, wenn ich den Eindruck habe, eine Situation spitzt sich unangenehm zu. Wenn sich Angst und Panik einschleichen könnten, wie zum Beispiel in absolut überfüllten U-Bahn-Zügen, in denen man sich weder bewegen noch vernünftig atmen kann, wende ich diese Übung an. Denken Sie auch immer gleichzeitig beim Verströmen der Herzensenergie den Satz "Friede sei mit dir!" Damit habe ich schon so manchen Streit und aggressive Situationen schnell und friedvoll beendet. Machen Sie es sich zur Gewohnheit, den Menschen, die Ihnen nicht gut gesinnt sind, Frieden und Liebe zu schicken. Hüllen Sie diese sofort ein in rosa Wolken der Herzensenergie und Sie werden erleben, wie entspannt diese Menschen dann sind. Probieren Sie es aus! Die beiden Zaubermittel heißen: rosa Liebeswolken und "Friede sei mit dir".

Eine andere Methode, um aggressive Energien zu beruhigen oder diesen direkt vorzubeugen, ist das Denken oder Sprechen der Rune *Wunjo.* Diese Rune sieht aus wie der Großbuchstabe P, allerdings nicht rund, sondern nach Runenart spitz gezeichnet. Stellen Sie sich einen senkrechten Strich vor und hängen Sie in dessen obere

Hälfte ein nach rechts zeigendes Dreieck. Damit haben Sie die Rune Wunjo. Denken Sie ständig "Wunjo, Wunjo, Wunjo" mit der Vorstellung, dass sich Freude und Heiterkeit im Raum verbreiten. Befestigen Sie lauter goldene Wunjos im Raum, solange bis Sie bemerken, dass die Menschen um Sie herum fröhlicher werden.

Wunjo ist immer angezeigt bei Besuchen von Rockkonzerten, in vollen Stadien bei Fußball, Boxen oder American Football, auf Plätzen in der Öffentlichkeit, bei Demonstrationen, Kundgebungen sowie in öffentlichen Verkehrsmitteln, vor allem im Berufsverkehr.

○ ○ ○

Lachen, Singen und innerer Frieden

Eine hervorragende und einfache Technik, um sich zu schützen, ist die des Singens und Lachens. Ein Mensch, der singt oder lacht, hebt automatisch seine Schwingung an. Das ist essenziell, wir müssen immer unsere Frequenz anheben, um geschützt zu sein. Wie bereits erwähnt, ist ein Mensch umso schwächer und anfälliger, je instabiler er mental und gesundheitlich ist. Traurigkeit, Ärger, Hass, Depressionen bewirken stets eine niedrige Frequenz und ziehen Menschen und

Wesenheiten, die auf diese Frequenz ansprechen, an. Gleiches zieht Gleiches an, das Resonanzgesetz gilt immer und überall. Menschen, die lachen, sind fröhlich und ein fröhlicher Mensch hat automatisch eine höhere Schwingung als ein trauriger Mensch. Stellen Sie sich vor einen Spiegel und beginnen Sie Ihre Mundwinkel nach oben zu ziehen. Es ist wirklich ganz einfach, auch wenn es Ihnen jetzt vielleicht albern vorkommt, grundlos fröhlich zu sein. Sie werden sehr schnell bemerken, dass Sie mit hochgezogenen Mundwinkeln, also mit einem freundlichen Schmunzeln, schon ganz andere Gedanken haben werden als vielleicht noch kurz vorher. Schmunzeln und Lachen geht nämlich nicht mit trüben Gedanken, also lachen Sie, denn dann hebt sich Ihre Stimmung, die Gedanken hellen sich auf und Ihre Aura wird sofort gestärkt. Mit Anhebung der Schwingung, verbessert sich Ihre Lebensenergie und die Qualität der Energie steigt. Beginnen Sie nun laut zu lachen, lachen Sie, solange Sie wollen und so laut Sie mögen. Sie merken sofort, dass es Ihnen richtig gut geht. Lachen ist Medizin und Schutz! Mit dem Singen verhält es sich ähnlich. Natürlich können Sie auch ein trauriges Lied anstimmen, aber trotzdem wird Ihre Frequenz erhöht werden. Es ist einfach die Musik, es ist die Frequenz der einzelnen Töne, die auch unsere eigene Frequenz mit anhebt.

Daneben ist der innere Frieden die beste geistige Einstellung, um die eigene Frequenz zu erhöhen, den eigenen Schutz zu stärken und um in Harmonie zu kommen mit allen Menschen. Die Kunst liegt in der Akzeptanz anderer Menschen und deren Verhalten. Es ist praktizierte Liebe für alle und jeden und eine ungeheuer große Herausforderung für die eigene spirituelle Entwicklung. Die Methode wirkt ähnlich wie das In-Liebe-Einhüllen, sie nimmt jedes Konfliktpotenzial und signalisiert auf der feinstofflichen Ebene, dass die betreffende Person verstanden und geliebt wird, auch wenn man beispielsweise deren Tat oder Tätigkeit nicht gutheißt. "Friede sei mit dir" ist das Zauberwort, das schwelende Aggression im Keim erstickt und hilft, bestehende Konflikte zu lösen.

Dazu habe ich ein Beispiel aus meinem Leben. Im Sommer des Jahres 2002 fuhr ich an einem Sonntag ins Büro und bemerkte einen zum Lüften über das Geländer gehängten großen Teppich auf einem Balkon oberhalb meines Parkplatzes. "Na, wenn das mal gut geht", dachte ich noch im Weggehen. Als ich am Abend zu meinem Auto kam, war das Dach schmutzig, rostige Metallreste lagen darauf und Erde, außerdem waren Dach und Kofferraumdeckel voller Kratzer. Eine Dame aus dem Haus klärte mich auf, dass sich der Teppich aus dem oberen Stockwerk verselbstständigt und von dem darunter liegenden Balkon die Blumenkästen samt Metallhalterungen abgerissen hatte. Alles zusammen war dann auf mein Auto gefallen und hinterließ unter dem Gewicht des herunterrutschenden Teppichs einen ordentlichen Lackschaden. Die kurdische Mitbewohnerin sagte lapidar, als ich sie darauf ansprach: "Teppich nix mache Kratzer." Sie habe keine Versicherung und ihr Mann käme am Abend nach Hause. Ich ging zurück in mein Studio und betete zu Gottvater und den Engeln des Lichts, dass die Angelegenheit gut gelöst werde und zwar für alle Beteiligten. Außerdem schickte ich der "Teppich-Familie" Frieden und sagte immer wieder "Friede sei mit euch!" Kurz darauf klingelte der kurdische Mitbewohner, der in einer Autowerkstatt arbeitete, bat mich um meinen Autoschlüssel und brachte mir nach einer halben Stunde mein Auto frisch poliert und kratzerfrei zurück. Vielen Dank den göttlichen Helfern! Das also kann dieses kleine Sätzchen bewirken, wenn es inbrünstig und von Herzen gesprochen und gedacht wird. Probieren Sie es aus!

○ ○ ○

Gebet und Gedankenreinheit

Das intensive und mit Überlegung gesprochene Gebet ist eine hervorragende Möglichkeit, die eigene Schwingung und Stimmung anzuheben. Es ist nicht die Rede von einem schnell heruntergeleierten Vaterunser oder einem Rosenkranz, nein, es ist wichtig, dass die Worte, dass die Gedanken aus dem Herzen kommen und mit vollem Bewusstsein und ganzer Intensität gesprochen werden. Ein Vaterunser eignet sich dann als Gebet, wenn jeder Satz mit Nachdruck gesprochen wird und man sich des Inhaltes bewusst ist. Unwichtig dagegen ist es, ob Sie das Gebet zu Hause sprechen oder in einer Kirche. Oftmals haben wir in den eigenen vier Wänden sogar viel mehr Ruhe und Intimität als in einer Kirche. Beten Sie zu Gott, dem Schöpfer, dem Vater und/oder zu Jesus Christus. Bitten Sie um Führung und Leitung, um Schutz und Segen. Wenn Sie mögen, können Sie noch die Bitte äußern, dass Ihnen die entsprechenden Engel zum Schutz geschickt werden.

Wie heilsam das Gebet ist, haben wissenschaftliche Studien in Amerika gezeigt, bei denen Studenten für die Patienten eines Krankenhauses gebetet haben. Zum Teil waren ihnen die Patienten bekannt, zum Teil nicht. Auch wusste nur ein Teil der Patienten davon, dass für sie gebetet wurde, ein anderer Teil der Patienten wusste davon überhaupt nichts. Es wurde festgestellt, dass alle Patienten, für die gebetet wurde, wesentlich schneller gesund wurden als die Patienten ohne Gebet. Wunden heilten schneller, es kam zu viel weniger Komplikationen, die Menschen hatten bessere Laune und waren zuversichtlicher.

Es ist der Beweis dafür, dass jeder Mensch mit jedem anderen auf der Erde in Verbindung steht und zwar feinstofflich. Alle Gedanken, die je gedacht werden, sind Energie und schaffen unsere Wirklichkeit. Wenn wir also in einem von Herzen kommenden Gebet um Hilfe für eine bestimmte Gruppe von Menschen bitten oder auch nur für einen einzigen, verwandeln sich die Gedanken des Gebets in Energie und erreichen den Empfänger.

Ich bitte die Engel des Lichtes
um Schutz und Beistand!

Beten Sie, ich kann Sie nur dazu ermuntern, es tut nicht weh, es kostet kein Geld, beansprucht wenig Zeit und ist doch eine große Hilfe. Beten ist der Fahrstuhl zu Gott. Ein betender Mensch kommt mit sich in Frieden. Das Gebet schützt den Menschen sofort vor Eindringlingen in die Aura, vor Schwachstellen und Durchlässigkeit. Machen Sie sich selbst und andere stark durch das Gebet. Viele Menschen wissen nicht, wie man betet. Aber es ist einfach: Setzen oder knien Sie sich hin und vielleicht entzünden Sie, wenn Sie mögen, eine Kerze. Nun beginnen Sie einen Dialog mit Gott. Erzählen Sie ihm, was Sie bewegt. Danken Sie ihm und sprechen Sie Bitten aus, bitten Sie um Schutz und Kraft. Am Ende eines Gebetes steht immer der Dank. Sie werden feststellen, dass Sie sich nach einem Gebet – übrigens in der Kürze liegt die

Würze - erholt und frisch fühlen, dass Sie zuversichtlicher sind und klare Gedanken haben. Einfach ausprobieren, es ist gratis!

Gott und Jesus - wenn es rasch gehen muss oder wenn Sie sich nicht gut genug fühlen, um ein Gebet zu sprechen, dann nennen Sie jeweils dreimal den Namen Gottes oder seines Sohnes. Das kann sich so anhören: *Gottvater, Gottvater, Gottvater* oder *allmächtiger Schöpfer, allmächtiger Schöpfer, allmächtiger Schöpfer* oder auch *Jesus Christus, Jesus Christus, Jesus Christus*. Die Nennung oder Anrufung dieser Namen genügt, um die Qualität der Lebensenergie zu steigern. Die Nennung dieser Namen erhöht mit sofortiger Wirkung den Schutz der Aura; sie verdichtet und stabilisiert sich und dehnt sich weiter aus.

Besonders schützend ist das **Beten von Psalmen**, insbesondere natürlich des Psalms 23 (siehe Seite 172). Beten Sie halblaut das Vaterunser oder den Psalm 23, um einen mächtigen und wirkungsvollen Schutz zu erhalten.

Beten ist demnach eine hervorragende Maßnahme, um sich mit sofortiger Wirkung einen hohen Schutz anzueignen. Mit einem ehrlich gemeinten Gebet rufen wir die himmlischen Helfer oder wir wenden uns an Jesus Christus und Gottvater. Das möge jeder nach seiner Konfession und Vorliebe tun, wie er mag. Für Martin Luther schützten die Engel die Ebenbildlichkeit des Menschen mit Gott, die ständig von den

Nachstellungen des Teufels bedroht ist. Der zentrale Satz in Luthers Abend- und Morgensegen lautete daher:

»Dein heiliger Engel sei mit mir,
dass der böse Feind keine Macht an mir finde.«

Das Beten von Psalmen, insbesondere natürlich des Psalms 23, ist besonders schützend. Beten Sie halblaut das Vaterunser oder den Psalm 23. Diese beiden Gebete gehören zu den mächtigsten Schutzformeln.

Psalm 23:

Der Herr ist mein Hirte, nichts wird mir fehlen.
Er lässt mich lagern auf grünen Auen und
führt mich zum Ruheplatz am Wasser.
Er stillt mein Verlangen, er leitet mich auf
rechten Pfaden, treu seinem Namen.
Muss ich auch wandern in finsterer Schlucht,
ich fürchte kein Unheil;
denn du bist bei mir, dein Stock und dein Stab
geben mir Zuversicht.
Du deckst mir den Tisch vor den Augen meiner Feinde.
Du salbst mein Haupt mit Öl, du füllst mir
reichlich den Becher.
Lauter Güte und Huld werden mir folgen
mein Leben lang,
und im Haus des Herrn darf ich wohnen für lange Zeit.

Menschen, die in der Lage sind, die Aura zu sehen und deren Veränderungen zu bemerken, stimmen darin überein, dass sich die Aura eines Betenden verändert. Je nach Entwicklungsstand des Betenden verändert sie sich mehr oder weniger stark. Bei einigen Gebeten strömt Licht in die Aura, die Energien in der Aura bewegen sich verstärkt. Beim Glaubensbekenntnis zum Beispiel strömt rosafarbenes Licht in die Aura als ein Zeichen für die bedingungslose Liebe der Christusenergie. Beim Vaterunser dehnt sich die Aura aus, goldfarbenes Licht verstärkt sich und es bildet sich auf dem Scheitelchakra ein goldfarbener Trichter nach oben zum Göttlichen. Auch die Rosenkranzgebete verändern die Aura. Der Betende öffnet sich zum Göttlichen und sammelt sich innerlich. Das erste Gebet sollte das Vaterunser sein, da es den Betenden zum Göttlichen öffnet. Es bildet sich der Trichter, durch den die Energie einströmt. Das Gebet "Ehre dem Vater" bewirkt, dass die empfangene Energie nach innen gezogen wird und sich heilend auswirken kann auf der körperlichen Ebene. Es wirkt auf alle Organe und Drüsen. Das ist möglicherweise ein Ansatz, warum mit Gebeten und dem Rosenkranz Krankheiten geheilt werden können.

Auch Catherine Ponder widmet in ihrem Buch "Die dynamischen Gesetze des Reichtums" ein Kapitel dem Gebet. Sie schreibt ebenfalls von Klienten, die durch das tägliche Beten des *Vaterunsers* den Heilungsprozess beschleunigen konnten. Das Vaterunser ist eine wirkungsvolle Heilbehandlung, es basiert auf machtvollen Bejahungen und ruft Führung, Macht und Güte des Schöpfers an. Es handelt sich nicht nur um eine uralte Heilkunst, sondern wird heute immer mehr von der modernen Medizin als Heiltechnik eingesetzt. Es gibt mehrere Studien verschiedener amerikanischer Universitäten darüber, dass das Gebet den Heilungsvorgang verbessert, sogar dann, wenn der Patient nichts davon weiß, dass für ihn gebetet wird. Ich selbst hatte im Herbst 2003 das große Vergnügen, eine junge evangelische Pfarrerin kennen zu lernen, die es sehr bedauerte, dass die Heilgottesdienste aus der kirchlichen Praxis verschwunden sind. Ebenso tat es ihr Leid, dass die evangelische Kirche kein Weihrauch einsetzt. Erwiesenermaßen hilft das Einatmen von abbrennendem Weihrauch nicht nur, um in einen meditativen Zustand zu gelangen, sondern es ist gleichzeitig ein hervorragendes Desinfektionsmittel, das beispielsweise in Persien schon immer vorbeugend und behandelnd in Krankenzimmern angewandt wird. Der Duft des Weihrauchs trägt uns ein wenig weg vom Alltag und hinein in unsere eigene Mitte, in unser Inneres - ein wunderbares Mittel zur Innenschau. Ganz wichtig auch: Weihrauch reinigt auf der feinstofflichen Ebene vor negativen Energien.

Zurück zum Gebet: Durch das fortwährende Beten aktivieren wir die Aufmerksamkeit der uns innewohnenden

Intelligenz, die im menschlichen Unterbewusstsein aktiv ist. Das Gebet mit seinen positiven Worten bewirkt eine Programmierung des Unterbewussten, denn was wir denken, realisiert sich. Der Körper gehorcht dem Geist und wird durch Worte und Gedanken beeinflusst. Umgekehrt - Achtung! - machen Klagen und Jammern auf Dauer krank. Negative Worte und Gedanken verursachen alle Arten von Krankheiten, denn auch in diesem Fall funktioniert die Programmierung des Unterbewussten. Wer ständig klagt und sich beschwert, sei es über das Wetter, über den Chef und die Kollegen oder über die Schwiegermutter und die Regierung, der reduziert seine eigene Schwingung und wird wirklich krank. Dagegen ist jede Methode heilkräftig, die dazu beiträgt, dass der Mensch Angst und Sorge hinter sich lässt und Vertrauen und Zuversicht gewinnt.

Das Vaterunser zur Erinnerung für diejenigen, die sich nicht mehr sicher sind, wie es gesprochen wird:

Vater unser, der du bist im Himmel,
geheiligt werde dein Name,
dein Reich komme, dein Wille geschehe
wie im Himmel so auf Erden.
Unser tägliches Brot gib uns heute,
und vergib uns unsere Schuld,
wie auch wir vergeben unseren Schuldigern.

Und führe uns aus der Versuchung,
und erlöse uns von dem Bösen,
denn dein ist das Reich und die Kraft
und die Herrlichkeit in Ewigkeit.
Amen.

Und hier ein textlich verändertes Vaterunser, das von Melchior Melchisedek medial übermittelt wurde:

»Mutter, Vater, Schöpfer Gott,
der sich in mir in seiner höchsten Form
vollendet manifestiert,
der ICH BIN, war und sein werde,
geheiligt ist dein Name.
In deinem Reich lebe ich,
dein Wille geschieht und manifestiert sich
in mir durch mich.
Mein tägliches Brot erhalte ich immer und überall,
meine Schuld ist mir vergeben,
so wie ich meinen Schuldigern vergebe.
Du führst mich aus der Versuchung
und löst mich von dem Bösen,
denn dein ist das Reich und die Kraft und Herrlichkeit
in Ewigkeit. AMEN«

Er erklärte laut Bran Hodapp ("Magischer Gegenzauber") die veränderten Worte wie folgt:

"Macht euch klar, worum ihr im Gebet bittet. Der Schöpfer und ihr seid eins. Sein Name ist bereits geheiligt und wird es nicht erst in Zukunft sein (exoterischer Text, der der äußeren Macht folgt). Bestätigt im Gebet, dass ihr bereits im Reich Gottes lebt und nicht erst in der Zukunft. Das Reich des Vaters muss nicht erst kommen, es existiert in und um euch. Die Vorsehung offenbart sich in euch, wenn ihr das wollt. Bestätigt es, damit ihr sicher sein könnt, alles von der Vorsehung zu erhalten. Eure Karma-Schuld ist euch bereits vergeben, falls ihr selbst euren Mitmenschen alles vergebt und in Liebe und Frieden zusammenlebt. Seid euch der Gottverbundenheit immer zu jeder Zeit bewusst. Nichts und niemand kann euch dann Schaden zufügen! Somit löst ihr euch selbst durch den in euch manifestierten Gott aus dem Wirkungskreis des Bösen, denn die Vorsehung strahlt in euch als lebende Sonne! (...) Gott ist immer mit euch!"

Zum dem Punkt "Schuld und Vergebung" möchte ich eine kurze Begebenheit aus meinem Engelkontakt erzählen. Eines Abends fragte ich, was ich denn zu meiner eigenen spirituellen Entwicklung tun könne und ob er (mein Engel) einen besonderen Rat für mich habe. Daraufhin sagte er zu mir: "Liebes Kind, du bist sehr hart mit dir. Vergib dir selbst, denn Gottvater hat es längst getan!" Diese Worte haben mich zu Tränen gerührt, denn tatsächlich ist es so, dass wir viel zu oft zu selbstkritisch sind, an uns herumnörgeln und ständig etwas auszusetzen haben. Es ist wichtig, zu bekennen "So war es!" und "Es ist, wie es ist!" Akzeptieren wir also das Jetzt und lassen wir das Alte in Frieden und Vergebung los.

Akzeptieren wir uns, so wie wir sind, als Geschöpfe Gottes und vergeben wir uns die kleinen und großen Fehler, nicht, um sie wieder zu begehen, sondern um einen Schlussstrich unter jene Lektionen zu ziehen und einen Neuanfang zu machen mit Gottes Hilfe. Wenn es uns gelingt, uns selber zu vergeben, können wir auch viel leichter anderen Menschen vergeben, was sie uns angetan haben. Oftmals haben sie gar nicht in böser Absicht gehandelt, sondern es war einfach unsere eigene Emotion, die uns geärgert oder enttäuscht hat. Die Menschen reagieren ja auch ganz unterschiedlich auf Aktionen und Aussagen anderer Personen. Was den einen aufregt, lässt den nächsten völlig unberührt. Das hat mit unseren Genen, der Erziehung, der Struktur innerhalb der Familie sowie mit allen Erfahrungen zu tun, die wir bisher gemacht haben.

Ich möchte nicht unerwähnt lassen, dass sich in einer Auswahl von Gebeten zum Schutz und zum Exorzismus des Autors Giancarlo Padula auch eines befindet, das, übersetzt aus dem Italienischen, folgenden Wortlaut hat: *"Im Namen Jesus Christus zerbreche und löse ich jegliche Art von Flüchen, Schikanen,*

Zaubereien, Fallen, Schnüren, Lügen, Hindernissen, Betrügereien, Entgleisungen, spirituellen Diensten, den bösen Blick, böse Wünsche, bekannte und unbekannte erbliche Gebrechen sowie jede Krankheit jeglicher Ursache einschließlich meiner Fehler und Sünden.

Im Namen Jesus Christus unterbreche ich den Einfluss jedes satanischen Gelübdes, satanischen Paktes, spiritueller Knechtschaft, Fesselungen der Seele sowie satanischer Werke.

Im Namen Jesus Christus zerbreche und löse ich alle Fesselungen und deren Auswirkungen wie: Astrologie, Channeling, Kartenlegen, Hellsehen, Heiler, die mit Kristallkugeln arbeiten, Wahrsager, die mit Kristallkugeln arbeiten, Prediger des Glücks, Mediums, die New-Age-Bewegung; Okkultisten, Handleser, Wahrsager, die von Teeblättern oder aus den Tarotkarten lesen, psychische Phänomene, Satanskult, Geistführer, Hexen, Hexenmeister und Voodoo.

Im Namen Jesus Christus löse ich alle Auswirkungen, die durch Teilnahme an spiritistischen Sitzungen und Wahrsagereien entstanden, beim Tische rücken, Horoskopen, okkultistischen Spielen sowie jeder Art von Kult, welcher nicht wirklich Jesus Christus Ehre erweist.

Heiliger Geist befreie mich durch das Wort der Erkenntnis von jedem negativen Geist, der sich gleich welcher Art an mich gehängt hat."

Wir sollten uns klar sein darüber, dass die katholische Kirche keine Kompromisse zulässt. Es gilt nur das Wort Gottes und die Hinwendung zu Jesus Christus. Sie akzeptiert keinesfalls - und auch Don Gabriele Amorth hat das mir gegenüber persönlich deutlich zum Ausdruck gebracht - die esoterischen Bewegungen und alles, was damit zusammenhängt. Sehr wohl aber **akzeptiert sie Heilungen durch die Hände als charismatische Handlung**, als von Gott gegeben. Aufgrund meiner täglichen Praxis mit besetzten Menschen ist es auch mir ein Anliegen - und ich gehöre keiner Kirche, Sekte oder Glaubensgemeinschaft an - davor zu warnen, sich allzu leichtgläubig für alle spirituellen und esoterischen Methoden zu öffnen.

Gerade zum Thema Channeling kann ich aus eigener Erfahrung sagen, dass nicht jedes Medium, das von sich behauptet, mit Erzengeln, Jesus, aufgestiegenen Meistern oder gar mit Gott persönlich Kontakt aufnehmen zu können, wirklich dort angeschlossen ist, von wo es glaubt, die Informationen zu erhalten.

Nur ein absolut reiner Kanal, eine Person in unerschütterlichem Glauben an Gott, die frei ist von dem Wunsch zu manipulieren oder Einfluss zu nehmen, hat die Fähigkeit dazu. Und bedenken Sie bitte auch, dass die Tagesform darüber entscheidet, welches geistige Wesen sich einklinkt. Tagesform heißt in diesem Fall, dass auch ein Medium, eine medial veranlagte Person, mal mehr oder weniger hoch schwingt. Ist die Frequenz aufgrund von Krankheit, Ärger, Trauer oder anderen störenden Faktoren herabgesetzt, so ist das Medium nicht optimal ("ganz oben") mit den hohen und höchsten Hierarchien verbunden.

Hören Sie unbedingt auf Ihre innere Stimme, sobald sich Misstrauen regt oder gar ein ungutes Gefühl. Brechen Sie ab oder aber folgen Sie zumindest nicht den Anweisungen, falls Sie welche erhalten haben. Achten Sie auch darauf, dass gute und hilfreiche Geistwesen niemals in der Befehlsform sprechen, sie lassen dem Menschen stets den freien Willen und die eigene Entscheidung. Sie sprechen meist sanft, bestimmt, manchmal streng, aber immer mit Liebe. Das ist entscheidend. Tatsächlich ist es nicht nötig, sich an ein Medium zu wenden. Wenn Sie intensiv beten können und sich in Ruhe und voller Konzentration an Gottvater oder Jesus Christus wenden, erhalten Sie die Antwort und die Hilfe, die gut ist für Sie.

Auch ich habe ab und zu Kontakt zu einem Erzengel, zu Erzengel Zadkiel, der mir liebevoll den Rat gab: "Wende dich an Gottvater, bitte um seine Führung und Leitung". Das tue ich nun mehrmals täglich, auch in angespannten Situationen, bei der Arbeit und in der Freizeit. Ich versichere Ihnen, es gibt immer einen Hinweis, immer ein Signal. Natürlich erfolgt das Zeichen (ich habe Gottvater häufig um ein deutliches Zeichen gebeten dafür, wie ich weitermachen soll) nicht in Form des brennenden Dornbusches oder als krachender Donner. Nein, es sind vielmehr subtile Signale, oftmals durch andere Personen. Es kommen Menschen in mein Leben nur, um mir einen Buchtipp zu geben oder sie erwähnen nur einen einzigen Satz - und gerade der Inhalt dieses Satzes hat Schlüsselfunktion. Es ist wichtig und unsere Aufgabe, sensibler zu werden für die subtilen Zeichen Gottes. Jeder Mensch, der in unser Leben tritt, hat eine Botschaft für uns, selbst wenn wir uns über ihn ärgern. Auch das ist ein Zeichen dafür, dass wir noch längst nicht frei sind von Emotionen. Wenn Sie zu der Einsicht gelangen können, dass alles, was geschieht, unserer spirituellen Entwicklung dient, sind Sie auf dem richtigen Weg zu Selbsterkenntnis, zu Ruhe und Gelassenheit.

Mantras - eine sofortige Steigerung der Frequenz bewirkt die dreimalige Wiederholung des Begriffs "Kyrie eleison" sowie des "Koduish, koduish, koduish, Adonaj, Zebajot" (Herrlich, herrlich, herrlich ist der Herr der Heerscharen). Wer sich mehr nach Asien orientiert fühlt, dem gefällt vielleicht das "Om mane padme hum" als Schutzmantra für die eigene Aura. Es ist ein Gebet zum hohen Gott-Selbst. Diese Begriffe oder Mantras sollten Sie zu Ihrem Schutz schon gleich am Morgen nach dem Aufstehen rezitieren und gegen Mittag wiederholen. Der Schutz hält nicht unbeschränkt an und muss wieder aufgebaut werden. Vor allen Dingen dann, wenn Sie mit vielen Menschen zu tun haben, wenn Sie Verkäufer oder Berater sind, wenn Sie mit alten und kranken Menschen arbeiten oder mit geistig und körperlich Behinderten, also immer wenn das Risiko besonders groß ist, dass Ihnen Energie abgezogen werden kann, sollen Sie die Mantras öfter am Tag wiederholen. Zum Beispiel jedes Mal, wenn Sie sich die Hände waschen - es geht ganz einfach nebenbei.

Mahakala - eine tibetische Schutzgottheit des privaten Heims neutralisiert augenblicklich jede Art technisch erzeugter Strahlung und hebt Ihre Lebensenergie und damit auch Ihren Schutz an. Sagen oder denken Sie das Wort so oft wie Sie mögen, je häufiger Sie das tun, um so stärker und stabiler wird Ihr Schutz. Ich empfehle Ihnen auch, dieses Wort auf einen Zettel zu schreiben und diesen an Ihrem Monitor und Computer anzubringen, ebenso an schnurlosen Telefonstationen. So können Sie sich sicher fühlen vor der negativen Auswirkung der Strahlung und des Internet-Zauberwortes "www". Besonders empfehlenswert ist das Mahakala auch bei längeren Autobahnfahrten, bei denen man sich unweigerlich auflädt und ermüdet. Wischen Sie mit der Hand vor den Augen vorbei, als wollten Sie einen Vorhang oder Schleier wegschieben, und sagen oder denken Sie dabei mindestens dreimal Mahakala.

Sie werden feststellen, dass die Müdigkeit verfliegt und Sie wieder mehr Energie haben. Etwa alle 50 Kilometer sollte man dieses kleine Ritual durchführen, es ist nicht nötig, dabei anzuhalten, es geht sehr gut während des Fahrens. Wischen Sie abwechselnd von rechts nach links und von links nach rechts.

Mantras teste ich prinzipiell auf ihre Wirkung, bevor ich sie anwende. Ich versichere Ihnen, falls Sie Bedenken haben, asiatische Mantras zu rezitieren, dass die hier veröffentlichten die Qualität der Lebensenergie steigern und sich nur positiv auswirken. Ich bin viel zu misstrauisch und weiß um die Gefahr, die in der Anwendung unbekannter Symbole liegt.

○ ○ ○

Reinigung durch Räuchern und Salz

Ab und zu ist es vorteilhaft, Räume auszuräuchern. Gut wäre es, es täglich zu tun. Es sollte vor allen Dingen dann eine Räucherung vorgenommen werden, wenn in einem Haus oder Raum eine Person gestorben ist, wenn es zu schwerer Krankheit kam oder auch wenn gestritten wurde. Dann sind schlechte drückende Energien vorhanden und das Energieniveau sollte zum Schutz und Wohlbefinden aller Bewohner dringend angehoben werden. Es gibt verschiedene

Räucherharze und Kräuter im Handel. Hier nur die Wichtigsten:

Weihrauch - seit alters her wird im Orient und in Persien mit Weihrauch, einem Harz, geräuchert. Richtig heißt es Olibanum und wird aus der Rinde des Weihrauchstrauches gewonnen, der in Ägypten, Somalia, im südlichen Arabien und in Indien wächst. Olibanum eignet sich bestens zur Desinfizierung und Reinigung von Sterbe- und Krankenzimmern, es verbreitet eine segensreiche Atmosphäre. Olibanum leitet hinüber in die geistige Welt und fördert Entspannung und Meditation. Weihrauch wirkt zudem krampflösend und entzündungshemmend. Von Krebspatienten hörte ich, dass sie sich über Umwege Olibanum als Medikament zur innerlichen Einnahme beschaffen, denn man sagt, es habe eine günstige Wirkung bei verschiedenen Krebserkrankungen und sei besonders empfehlenswert bei Gehirntumoren. Es sei häufig ein Wachstumsstopp des Tumors festzustellen.

Geräuchert wird, indem man eine Räucherkohle anzündet (zu kaufen in Kirchenbedarfsläden) und sie durchglühen lässt, bis eine weiße Ascheschicht zu sehen ist. Dann werden ein paar Kügelchen des Harzes aufgelegt. Je nach Dauer und Intensität der Räucherung muss immer wieder Harz nachgelegt werden. Wer unter Asthma leidet, dem sei das tiefe Einatmen des Rauches empfohlen, da er Krämpfe löst. Diese Information gab mir ein persischer Händler, der auf Weihrauch "schwört". In seiner Heimat wird Weihrauch oder Olibanum täglich verwendet, es ist dort eine Maßnahme der Hygiene und dient zur Vorbeugung und Behandlung von Infektionen. In Asien und Afrika werden Räucherungen auch in Ämtern und Hotels vorgenommen, einfach zur Reinigung der Atmosphäre. Schon die drei Weisen aus dem Morgenland brachten Weihrauch, Myrrhe und Gold mit. Weihrauch und Myrrhe dienen als Räuchermittel und sind und waren kostbar.

Myrrhe - ist ein Milchsaft des kleinen Myrrhestrauches (Commiphora myrrha), der in Somalia und Arabien vorkommt. Dieser Saft wird geerntet, wenn er eingetrocknet ist. Beim Räuchern entwickelt Myrrhe einen würzigen, leicht scharfen Geruch. Myrrhe war neben Weihrauch der wichtigste Räucherstoff und wurde im Altertum zur Wundheilung eingesetzt, da sie eine stark reinigende Wirkung hat und Kraft verleiht. Myrrhe wird zur Meditation, zum Schutz sowie bei Heilungsritualen verwendet; sie gibt innere Ruhe.

Mastix - getrocknetes Harz des Mastixbaums (Pistacia lentiscus), der im südlichen Mittelmeerraum, auf den Kanaren und in Nordafrika vorkommt. Mastix duftet angenehm frisch und würzig. In Griechenland wird es heute noch zum Harzen des Retsina (Wein) verwendet. Mastix wirkt reinigend und ausgleichend, es klärt die Aura und kräftigt den Geist.

Salbei - es gibt verschiedene Arten von Salbei, jede Art ist dabei gleich gut zum Räuchern geeignet. Salbei reinigt und lädt die Umgebung mit Energie auf. Sprechen Sie mit Ihrer Salbeipflanze, wenn Sie eine im Blumentopf oder Garten haben und erklären Sie ihr, dass Sie ein paar Blättchen benötigen für eine gute Sache. Somit haben Sie eine innige Verbindung zu der Pflanze hergestellt, was sich sehr gut auf die Energie beim Räuchern auswirkt. Wie alle Kräuter wird auch der Salbei direkt angezündet und in einem kleinen Sträußchen in der Hand gehalten oder aber - wenn Sie Blätter verwenden - am besten in einer Muschel verbrannt. Salbei dient vor allem der Räucherung an einer Person. Beginnend am rechten Fuß steigt man mit dem Salbei vor dem Körper langsam nach oben und fächelt den Rauch immer im Uhrzeigersinn vor sich oder der Person her. Ist man am Kopf angelangt, steigt man langsam auf der linken Körperhälfte bis zum linken Fuß nach unten. Auf der Rückseite des Körpers geht man genauso vor, beginnt aber mit dem linken Fuß. Zum Schluss fächelt man den Rauch wieder an den Füßen beginnend an der Vorderseite nach oben, mitten über den Scheitel hinweg nach hinten und den Rücken hinunter. Zuletzt berührt der Rauch das

Herz. Bei diesen Räucherungen ist es üblich, sich einer Vogelfeder zu bedienen und damit den Rauch zu fächeln. Es ist eine Methode der Indianer, die dazu am liebsten eine Adlerfeder verwenden.

Reinigen durch Meersalz - nach einem Todesfall, einer Krankheit, einem Streit in einem Haus oder auch ab und zu routinemäßig ist es besonders sinnvoll, negative Energien mit niedriger Schwingung in Salz zu binden. Das ist eine sehr einfach durchzuführende Methode und erfordert lediglich eine genügend große Menge Meersalz. Es darf ruhig preiswertes Badesalz sein. Das Prozedere ist sehr einfach: Abends streut man in jede Ecke des zu reinigenden Raums eine Hand voll Meersalz auf den Boden. Fenster und Türen des Raumes werden geschlossen. Am nächsten Morgen wird das Meersalz mit dem Staubsauger entfernt und gleich entsorgt. Natürlich können Sie es auch aufkehren und wegschütten. Ein Meersalzbad wirkt Wunder und sollte öfter mal gemacht werden, vor allem aber, wenn Sie sich durch andere Personen belastet fühlen und einen anstrengenden Tag hatten. Meersalz reinigt feinstofflich, klärt und führt Mineralstoffe zu.

○ ○ ○

Schutzsteine und deren Anwendung

Schon im frühen Mittelalter befassten sich Hildegard von Bingen und andere Heilkundige mit den heilenden Kräften der Steine. Seit Jahrtausenden wissen die Menschen um die Heilkraft der Steine, bei allen Völkern haben die Steine einen Stellenwert in Bezug auf Liebe, Schutz, Gesundheit und Stärke. Ohne Mineralien ist ein biologisches Leben auf der Erde undenkbar. Bei uns ist dieses Wissen mit der Industrialisierung und Technisierung verloren gegangen. Heute jedoch besinnen sich wieder viele Menschen, darunter auch Wissenschaftler und Mediziner, auf die alternative Medizin und natürlichen Heilmittel. Edelsteine und Mineralien wirken auf verschiedene Art und Weise im Körper, sie greifen regulierend und stärkend ein und nehmen auch Einfluss auf die Psyche. Heilsteine sind fester Bestandteil des Körpers und kommen überall in der Natur vor. Steine sind dabei auch nichts anderes als Energie. Sie schwingen in ihren spezifischen Frequenzen und wirken gerade durch ihre Frequenz auf bestimmte Körperregionen, Organe und den Geist.

Einer der stärksten Schutzsteine gegenüber negativen Schwingungen ist der Schörl oder **schwarze Turmalin.**

Seit jeher gilt der schwarze Turmalin als Stein des Selbstvertrauens. Er erhöht das Durchhaltevermögen und leitet alle negativen Einflüsse von seinem Träger ab. Er zentriert die positive Energie und schützt vor schwarzer Magie und feinstofflichen Angriffen. Der schwarze Turmalin befreit und entgiftet die Nerven und das Gehirn, er entstört negative Energien und Blockaden und wirkt auch schützend und befreiend gegenüber Computerstrahlung sowie gegenüber belastenden Energien, die andere Menschen uns entgegenbringen. Schwarze Turmaline sind somit kräftige Schutzsteine für Körper und Seele.

Ein weiterer und bekannterer Heil- und Schutzstein ist der **Rosenquarz.** In der mannigfachen Literatur über Heilsteine ist zu lesen, dass der Rosenquarz Depressionen und Schlafstörungen lindert, legt man ihn unter das Kopfkissen. Als großer gewachsener Stein schluckt er Erd- und Wasserstrahlen und ist aus meiner Erfahrung heraus die effizienteste und preiswerteste Maßnahme gegen unangenehme und schädliche Einflüsse aus der Erde. Man kann den Rosenquarz auch am Computer einsetzen, denn auch dort schluckt er die Strahlen, wobei für technisch erzeugte Strahlung der Baryt wirkungsvoller und stärker ist. Kindern sollte man unbedingt eine Rosenquarzkette oder zumindest einen Rosenquarzanhänger umhängen, damit die zarte Seele geschützt wird. Rosenquarz wirkt ausgleichend und harmonisierend und bewahrt vor extremen Reaktionen, er belebt schöpferische Gedanken und regt die Fantasie an.

Der **Baryt** oder Schwertspat hat starke, Strahlen schluckende Eigenschaften und ist ein optimaler Stein gegen alle Arten technisch erzeugter Strahlen. Er wird wirksam eingesetzt gegen Röntgenstrahlung. In einer Zahnarztpraxis traf ich einen Röntgenraum an, dessen Tür nach den Aufnahmen immer geöffnet blieb, da er kein Fenster hat. Dadurch verbreitete sich die Reststrahlung ungehindert in der Praxis. Nach Auslegen einiger Baryte, nicht nur im Röntgenraum, sondern auch im Empfangsbereich und den angrenzenden Bereichen, konnte die Strahlung auf beinahe zehn Prozent reduziert werden. Der Baryt hilft aber auch gegen UV-Strahlen und radioaktive Strahlung. Selbstverständlich wird er angewandt bei Computerstrahlung und auch bei Erdstrahlen (hier ist allerdings der Rosenquarz effizienter). Es heißt, dass der Baryt sogar Heilwirkung habe bei Sonnenbrand und Verbrennungen. Er schützt den Menschen vor Fehlverhalten, das durch Strahlung aus der Umwelt ausgelöst wird.

Ein weiterer Stein gegen Strahlung ist der **Bergkristall**. Er bindet Erdstrahlen und Wasserstrahlen in sich und wandelt sie um in positive Energie. In Verbindung mit Rosenquarz und Azurit schützt er auch vor Computerstrahlen. Ansonsten wirkt der Bergkristall reinigend auf Geist und Seele, er verleiht dem Menschen Klarheit. Der Bergkristall klärt die gesamte Aura, das

Energiefeld des Menschen, und harmonisiert die Chakren.

Der Gagat (Jett) besteht aus versteinerter Kohle. Die Indianer verehren den Gagat als Schutzstein vor Zauberei, Feinden und bösen Kräften. Ich selbst habe (noch) keine Erfahrung mit dem Gagat, möchte ihn aber den Lesern dieses Buches nicht vorenthalten. Der Gagat soll den Menschen, die um einen Angehörigen trauern, mehr Zuversicht schenken. Am Körper getragen soll er vor Unfällen, Intrigen, falschen Freunden und schwarzer Magie bewahren.

○ ○ ○

Das Weihen von Kerzen

Kerzen sollten immer geweiht sein, bevor sie angezündet werden, denn durch die Weihe entwickelt eine Kerze eine Strahlkraft, die noch positiver ist und den Raum, in dem die Kerze brennt, energetisch besser aufwertet. Wenn Sie mögen, lassen Sie Ihre Kerzen von einem Pfarrer weihen oder aber Sie führen die Weihung der Kerzen selbst durch (Weiheritual nach Hodapp/Rinkenbach "Magischer Gegenzauber"):

Gehen Sie wie folgt vor:

- Legen Sie die Kerze in die linke geöffnete Hand.

- Mit dem parallel ausgestreckten Mittel- und Zeigefinger der rechten Hand zeigen Sie zur Spitze der Kerze und sprechen: *ATEH (hebr. du bist/ich bin).*
- Ziehen Sie nun mit Mittel- und Zeigefinger der rechten Hand in gerader Linie zum unteren Ende der Kerze und sprechen Sie: *MALKUTH (hebr. das Reich).*
- Zeigen Sie dann mit Mittel- und Zeigefinger zur Mitte links und sprechen Sie: *VE GEBURAH (hebr. die Kraft).*
- Ziehen Sie von der Mitte links einen waagerechten Strich zur Mitte rechts und sprechen Sie: *VE GEDULAH (hebr. die Herrlichkeit).*
- Halten Sie nun die ausgestreckte rechte Hand über die Kerze und sprechen Sie: *LE OLAM. AMEN (hebr. in Ewigkeit, so sei es).*

○ ○ ○

Zum Schluss

Ich möchte Ihnen allen, die dieses Buch bis hierher gelesen haben oder aber es von hinten zu lesen beginnen, eine Botschaft überbringen. Es geht darum, zu erkennen, dass der Mensch einen göttlichen Funken in sich trägt, dass er so vieles bewegen kann, wenn er es nur will. In jeder Hinsicht natürlich - das ist ja unsere eigene Verantwortung. Wir sind geistiger Natur und haben das gesamte Wissen in uns - es fällt uns nur schwer, uns daran zu erinnern.

Es ist wichtig für die Zukunft unseres wunderschönen Planeten, dass wir uns von der polarisierenden Beurteilung befreien. Gut und Böse, wer vermag schon wirklich zu sagen, welcher Mensch und welcher Gegenstand zu welcher Kategorie gehört? Wem steht die Beurteilung anderer Menschen zu, wer darf es sich anmaßen, andere zu be- und verurteilen?

Alleine unsere Taten und unsere Gedanken entscheiden über unser Schicksal. Selbst wenn wir betroffen sind von den neidischen und hasserfüllten Gedanken anderer Menschen, wenn uns ein Fluch belastet oder man uns durch Voodoo zu ärgern versucht, wenn sich ein Verstorbener an unserem Energiefeld anlagert oder wenn negative Energien uns beeinflussen wollen, wir sind nicht hilflos!

Sobald sich der Mensch seiner Verantwortung bewusst wird, seinem Leben eine positivere Richtung gibt, sich abkehrt von Be- und Verurteilungen anderer Menschen, wenn er lernt das, was ist, zu akzeptieren und die Vergangenheit vergangen sein zu lassen, wenn er sich selbst in den Mittelpunkt stellt, dann wird ihm auffallen, dass etwas nicht stimmt, sollte er die oben erwähnten Belastungen haben. Er wird suchen und Hilfe finden, die einhergeht mit der Veränderung des Lebens. Wir sollten also die Entdeckung einer Fremdbeeinflussung positiv sehen und dankbar annehmen als Möglichkeit der Lösung und Hilfe. Es ist ein Schritt auf unserem spirituellen Weg, ohne diesen Schritt kämen wir nicht weiter. Seien wir dankbar, dass wir unsere geistige Entwicklung fortsetzen dürfen.

Noch eine herzliche Bitte zum Schluss: Nach der Befreiung und dem Clearing von fremden negativen Energien, gleich welcher Provenienz, schenken Sie bitte dem Verursacher und dem Problem keine weitere Aufmerksamkeit, sondern richten Sie all Ihre Energie darauf, dass Sie ab sofort so leben werden, dass es keine Gründe und Motive mehr gibt, Ihnen negative und böse Gedanken zu senden. Dazu dient - wie schon mehrfach erwähnt - die Anhebung der eigenen Energiefrequenz.

Ein Zitat aus dem lieb gewonnenen Büchlein "Das Buch des Lebens - empfangen aus dem Göttlichen" von Radha-Magdalena Bambeck:

"Handle aus vollen Kräften! Übernimm voll und ganz die Verantwortung, nicht nur für diese Situation, sondern für dein gesamtes Leben und dein Handeln. Du wirst fühlen, wie wohltuend und befreiend es ist, keinen Schuldigen mehr finden zu müssen.

Erst, wenn du nach besten Kräften voll verantwortlich gehandelt hast, kannst du alles weitere mir übergeben, denn die letzte Verantwortung trage immer ich."

In diesem Sinne schließe ich dieses Buch in der Hoffnung, dass es das eine oder andere Auge und Ohr geöffnet hat und dass es vielen Menschen eine Hilfe und Stütze sein wird. Es gibt nur eine einzige rettende Botschaft für den einzelnen Menschen wie für unseren gesamten Planeten:

»Weiche ab vom Pfad der Vergeltung
und gehe den Weg der Liebe!«

Verwendete und zitierte Literatur

Baginski, Bodo J. / Sharamon, Shalila: *Das Chakra-Handbuch. Vom grundlegenden Verständnis zur praktischen Anwendung*, Windpferd Verlag

Bambeck, Radha-Magdalena: *Das Buch des Lebens - empfangen aus dem Göttlichen*, G. Reichel Verlag

EZW-Texte: *Die Wiederkehr der Engel, o. A.*

Grün, Anselm: *Der Umgang mit dem Bösen*, Vier-Türme-Verlag

Hodapp, Bran O. / Rinkenbach, Iris: *Magischer Gegenzauber*, Schirner Verlag

Newhouse, Flower A.: *Engel und Devas*, Aquamarin Verlag

Padula, Giancarlo: *I Segreti degli Esorcisti*, Edizioni Segno

Renner, Frumentius / Esser, Norbert (Hrsg.): *Im Kampf gegen Magie und Dämonie*, Sankt Meinrad Verlag

Szepes, Maria: *Der rote Löwe,* Piper Verlag

Weiterführende Literatur

Chopra, Deepak: *Die sieben geistigen Gesetze des Erfolgs*, Heyne

Dahlke, Rüdiger: *Krankheit als Sprache der Seele,* Goldmann

Das große Lexikon der Heilsteine, Düfte und Kräuter, Methusalem Verlagsgesellschaft

Egli, René: *Das LoLa-Prinzip*, Editions d´Olt

Murphy, Dr. Joseph: *Das Erfolgsbuch*, Heyne

Ponder, Catherine: *Die dynamischen Gesetze des Reichtums*, Goldmann

Ruland, Jeanne: *Das große Buch der Engel*, Schirner Verlag

Di Nola, Alfonso: *Der Teufel*, Area Verlag

Über die Autorin

Helga Schaub arbeitet als anerkannte Heilerin (DGH), Reiki-Ausbilderin und Feng-Shui-Beraterin in Deutschland und Italien. Sie beseitigt belastende Energien und schädliche Fremdeinflüsse in Gebäuden und Menschen. Das vorliegende Buch ist ihre erste Veröffentlichung und wurde unter großer Inspiration ihrer geistigen Helfer geschrieben.

Kontaktadressen

Clearing und Befreiung von negativen Energien, geistiges (Fern-)Heilen:

Helga Schaub, anerkannte Heilerin, Teilnehmerin an der EU-HEALS (Studie über Fernheilung der EU), Autorin
Anschrift: Haideweg 29, D-65552 Limburg an der Lahn
Fon: +49 (0)6431.97 700 92 und +49 (0)174.95 31 568
Email: HelgaSchaub@yahoo.de und Helga-Schaub@web.de
Homepage: www.helga-schaub.de

136 Seiten, broschiert
€ [D] 6,95
ISBN 978-3-89845-175-8

Jörg A. Zimmermann

So treffen Sie Ihren Schutzengel

Begegnung mit dem inneren Lehrer

Dieses Buch zeigt Ihnen konkret drei Wege auf, auf denen Sie Ihren Schutzengel treffen können und erläutert in anschaulicher sowie humorvoller Schreibweise genau, wie diese Wege beschritten werden können. Möge dieses Buch Sie näher zu Ihrem Schutzengel bringen, denn die Freundschaft mit ihm ist so kostbar wie das Leben selbst ...

120 Seiten, broschiert
€ [D] 9,90
ISBN 978-3-89845-036-2

Gabriele Köstinger

Poltergeister

Ein Buch für Gläubige und Ungläubige

Sind Sie schon einmal mit unerklärlichen Phänomenen konfrontiert worden? Oder sind vielleicht auf rätselhafte Weise Dinge in Ihrer Wohnung verschwunden? Dann haben Sie sicher unbewusst Bekanntschaft mit einem Poltergeist oder Kobold gemacht. Wie die kleinen oder großen Quälgeister wieder zu vertreiben sind, verrät die Autorin hier in diesem Buch.

224 Seiten, gebunden
€ [D] 15,90
ISBN 978-3-931652-08-1

Edith Fiore

Besessenheit und Heilung

Die Befreiung der Seele

Depressionen, Phobien und viele andere Erkrankungen werden oft durch Geister verursacht, die nach dem Tod als "erdgebundene Seelen" in der physischen Welt verbleiben und sich mit Lebenden verbinden. Die bekannte Psychologin Edith Fiore beschreibt solche Fälle aus ihrer langjährigen Erfahrung und zeigt Behandlungsmöglichkeiten auf. Sie gibt praktische Anleitungen, wie wir Besessenheit bei uns selbst und anderen entdecken und uns vor fremden Wesenheiten schützen oder davon lösen können.

128 Seiten, broschiert,
€ [D] 5,95
ISBN 978-3-89845-089-8

Elizabeth Clare Prophet

Die Violette Flamme

Heilung für Körper, Geist & Seele

Die Violette Flamme ist ein Licht, das allen Lebensformen dient und ihnen Achtung und Würde verleiht. Sie ist ein Mittel, sich untereinander zu verbinden und eine Form spiritueller Energie. Sie ist das Attribut des geheimnisvollen Grafen St. Germain, dessen Botschaften E. C. Prophet unter anderem empfängt und weitergibt. Heiler und Alchemisten in aller Welt nutzen diese hochfrequente Energie, um Harmonie und Frieden in diese Zeit des spektakulären Übergangs in ein neues Bewusstsein zu bringen. Der Leser erhält in diesem Band unserer "Kleinen Reihe" das Rüstzeug, um mit der Violetten Flamme zu arbeiten.

256 Seiten, broschiert
€ [D] 8,95
ISBN 978-3-89845-050-8

Elizabeth C. Prophet & P. R. Spadaro

Alchemie des Herzens

Wer mehr liebt, wird mehr geliebt

In einem Fünf-Punkte-Programm wird das Herz des Lesers allmählich in eine höhere Frequenz seiner Liebesfähigkeit geführt. Es wird gezeigt, wie er sein Herz für höhere Schwingungen öffnen kann, wie er es stärkt und heilt und wie er es weiterhin vor niedrigen Schwingungen schützt, bis er schließlich ganz in sein Herz eindringt und sich so mit der göttlichen Liebe vereint. Dieses Buch ist im wahrsten Sinne ein Herzensjuwel, auf dem Weg zu einer höheren Liebe.

288 Seiten, broschiert
€ [D] 8,95
ISBN 978-3-89845-060-7

Elizabeth C. Prophet &
Patricia R. Spadaro

Karma in der Praxis

– Die Zukunft gestalten

Klein in Format und Preis – groß im Inhalt: »Karma in der Praxis«, behandelt anschaulich die Themen Karma und Reinkarnation. Der Leser erfährt anhand von praktischen Beispielen, wie Aktionen aus seinem früheren Leben – gute oder böse – mit seinem heutigen Leben zusammenhängen. Er lernt aber auch viel über Gruppenkarma und erfährt, was die großen Lehrer der westlichen und östlichen Welt, wie z. B. Jesus und Konfuzius, über Karma und Reinkarnation lehrten. Doch vor allem lernt der Leser, wie er karmische Begegnungen als große Chancen für seine Zukunft zu nutzen vermag.

384 Seiten, gebunden
€ [D] 24,90
ISBN 978-3-89845-014-0

Trutz Hardo

Das große Karmahandbuch

Wiedergeburt und Heilung

Deutschlands bekanntester Rückführungstherapeut Trutz Hardo legt hier ein umfassendes Grundlagenwerk vor, das sowohl die Allgemeinmedizin als auch die Psychotherapie mit einem neuen Heilansatz konfrontiert – und womöglich revolutioniert. Neueste empirische Forschungsergebnisse aus der Rückführungstherapie zeigen, dass die Ursachen für Krankheiten aufgelöst werden können und Heilung möglich ist – zahlreiche Beispiele belegen es!

128 Seiten, broschiert
€ [D] 5,95
ISBN 978-3-89845-049-2

Elizabeth Clare Prophet

Mit Engeln arbeiten

Dieses Buch bringt einem bei, wie man mit Engeln Freundschaft schließt, sodass diese bereit sind, ihre Hilfe uns zukommen zu lassen. Denn wir haben sie um ihre Hilfe zu bitten. Erst dann dürfen sie uns helfend zur Seite stehen. Hier werden die praktischen Schritte in einem Zehn-Punkte-Programm aufgezeigt, wie man sich mit ihnen in Verbindung setzt, sich weiterhin ihrer Hilfe vergewissert und in Zusammenarbeit mit ihnen viel Gutes für sich und andere bewirkt. Dieses Büchlein ist nicht nur ein Ratgeber, sondern vor allem eine praktische Anleitung, seinem Leben mit Hilfe der Engel eine höhere Qualität zu geben.

AEONA®

Herzensliebe

45 Botschaften von Herz zu Herz

49 vierfarbige Herzkarten
€ [D] 13,20
ISBN 978-3-89845-184-0

Die stärkste Kraft im Universum ist die Herzensliebe - und AEONAS® Herzkarten möchten an diese ursprüngliche Schöpfungsenergie erinnern. Die lichtvollen Bilder mit den liebevollen Texten öffnen und berühren die Herzen und erwecken den Wunsch, die Herzensliebe zu leben, um den Sinn und das Ziel der Menschheit zu erfüllen.

Ann Moura (Aoumiel)

Naturmagie – Die Grüne Hexenkunst

368 Seiten, broschiert
€ [D] 19,90
ISBN 978-3-89845-091-1

In "Naturmagie – Die Grüne Hexenkunst" werden die Grundlagen der Wicca-Religion erforscht. Das Buch ist für das Selbststudium verfasst und bietet nicht nur einen hervorragenden Überblick über die Praktiken des Wicca-Kults, sondern führt auch schrittweise in eine große Palette von magischen Techniken sowie in die Grundregeln im Umgang mit der Magie ein. Grüne Rituale für die Selbstinitiation, Übergangsriten, Jahreszeitenfeste und Aktivitäten für die Festtage bieten ein perfektes Fundament zum Aufbau deiner eigenen magischen Tradition. Erlerne die Grundlagen der Hexenkunst unter der Anleitung einer Naturhexe der dritten Generation!